U0564053

近代区域文化系列

天津史话

A Brief History of Tianjin

罗澍伟 / 著

社会科学文献出版社

SOCIAL SCIENCES ACADEMIC PRESS (CHINA)

图书在版编目（CIP）数据

天津史话/罗澍伟著．—北京：社会科学文献出版
社，2011.8
（中国史话）
ISBN 978 - 7 - 5097 - 2160 - 5

Ⅰ．①天… Ⅱ．①罗… Ⅲ．①天津市 - 地方史
Ⅳ．①K292.1

中国版本图书馆 CIP 数据核字（2011）第 111391 号

"十二五"国家重点出版规划项目

中国史话·近代区域文化系列

天津史话

著　　者／罗澍伟

出 版 人／谢寿光
总 编 辑／邹东涛
出 版 者／社会科学文献出版社
地　　址／北京市西城区北三环中路甲 29 号院 3 号楼华龙大厦
邮政编码／100029

责任部门／人文科学图书事业部 （010）59367215
电子信箱／renwen@ ssap. cn
责任编辑／王琛玚　黄　丹
责任校对／杨春花
责任印制／岳　阳
总 经 销／社会科学文献出版社发行部
　　　　　（010）59367081　59367089
读者服务／读者服务中心 （010）59367028

印　　装／北京画中画印刷有限公司
开　　本／889mm×1194mm　1/32　印张／5.625
版　　次／2011 年 8 月第 1 版　　字数／104 千字
印　　次／2011 年 8 月第 1 次印刷
书　　号／ISBN 978 - 7 - 5097 - 2160 - 5
定　　价／15.00 元

总　序

　　中国是一个有着悠久文化历史的古老国度，从传说中的三皇五帝到中华人民共和国的建立，生活在这片土地上的人们从来都没有停止过探寻、创造的脚步。长沙马王堆出土的轻若烟雾、薄如蝉翼的素纱衣向世人昭示着古人在丝绸纺织、制作方面所达到的高度；敦煌莫高窟近五百个洞窟中的两千多尊彩塑雕像和大量的彩绘壁画又向世人显示了古人在雕塑和绘画方面所取得的成绩；还有青铜器、唐三彩、园林建筑、宫殿建筑，以及书法、诗歌、茶道、中医等物质与非物质文化遗产，它们无不向世人展示了中华五千年文化的灿烂与辉煌，展示了中国这一古老国度的魅力与绚烂。这是一份宝贵的遗产，值得我们每一位炎黄子孙珍视。

　　历史不会永远眷顾任何一个民族或一个国家，当世界进入近代之时，曾经一千多年雄踞世界发展高峰的古老中国，从巅峰跌落。1840 年鸦片战争的炮声打破了清帝国"天朝上国"的迷梦，从此中国沦为被列强宰割的羔羊。一个个不平等条约的签订，不仅使中国大量的白银外流，更使中国的领土一步步被列强侵占，国库亏空，民不聊生。东方古国曾经拥有的辉煌，也随着西方列强坚船利炮的轰击而烟消云散，中国一步步堕入了半殖民地的深渊。不甘屈服的中国人民也由此开始了救国救民、富国图强的抗争之路。从洋务运动到维新变法，从太平天国到辛亥革命，从五四运动到中国共产党领导的新民主主义革命，中国人民屡败屡战，终于认识到了"只有社会主义才能救中国，只有社会主义才能发展中国"这一道理。中国共产党领导中国人民推倒三座大山，建立了新中国，从此饱受屈辱与蹂躏的中国人民站起来了。古老的中国焕发出新的生机与活力，摆脱了任人宰割与欺侮的历史，屹立于世界民族之林。每一位中华儿女应当了解中华民族数千年的文明史，也应当牢记鸦片战争以来一百多年民族屈辱的历史。

当我们步入全球化大潮的 21 世纪，信息技术革命迅猛发展，地区之间的交流壁垒被互联网之类的新兴交流工具所打破，世界的多元性展示在世人面前。世界上任何一个区域都不可避免地存在着两种以上文化的交汇与碰撞，但不可否认的是，近些年来，随着市场经济的大潮，西方文化扑面而来，有些人唯西方为时尚，把民族的传统丢在一边。大批年轻人甚至比西方人还热衷于圣诞节、情人节与洋快餐，对我国各民族的重大节日以及中国历史的基本知识却茫然无知，这是中华民族实现复兴大业中的重大忧患。

中国之所以为中国，中华民族之所以历数千年而不分离，根基就在于五千年来一脉相传的中华文明。如果丢弃了千百年来一脉相承的文化，任凭外来文化随意浸染，很难设想13亿中国人到哪里去寻找民族向心力和凝聚力。在推进社会主义现代化、实现民族复兴的伟大事业中，大力弘扬优秀的中华民族文化和民族精神，弘扬中华文化的爱国主义传统和民族自尊意识，在建设中国特色社会主义的进程中，构建具有中国特色的文化价值体系，光大中华民族的优秀传统文化是一件任重而道远的事业。

当前，我国进入了经济体制深刻变革、社会结构深刻变动、利益格局深刻调整、思想观念深刻变化的新的历史时期。面对新的历史任务和来自各方的新挑战，全党和全国人民都需要学习和把握社会主义核心价值体系，进一步形成全社会共同的理想信念和道德规范，打牢全党全国各族人民团结奋斗的思想道德基础，形成全民族奋发向上的精神力量，这是我们建设社会主义和谐社会的思想保证。中国社会科学院作为国家社会科学研究的机构，有责任为此作出贡献。我们在编写出版《中华文明史话》与《百年中国史话》的基础上，组织院内外各研究领域的专家，融合近年来的最新研究，编辑出版大型历史知识系列丛书——《中国史话》，其目的就在于为广大人民群众尤其是青少年提供一套较为完整、准确地介绍中国历史和传统文化的普及类系列丛书，从而使生活在信息时代的人们尤其是青少年能够了解自己祖先的历史，在东西南北文化的交流中由知己到知彼，善于取人之长补己之短，在中国与世界各国愈来愈深的文化交融中，保持自己的本色与特色，将中华民族自强不息、厚德载物的精神永远发扬下去。

《中国史话》系列丛书首批计 200 种，每种 10 万字左右，主要从政治、经济、文化、军事、哲学、艺术、科技、饮食、服饰、交通、建筑等各个方面介绍了从古至今数千年来中华文明发展和变迁的历史。这些历史不仅展现了中华五千年文化的辉煌，展现了先民的智慧与创造精神，而且展现了中国人民的不屈与抗争精神。我们衷心地希望这套普及历史知识的丛书对广大人民群众进一步了解中华民族的优秀文化传统，增强民族自尊心和自豪感发挥应有的作用，鼓舞广大人民群众特别是新一代的劳动者和建设者在建设中国特色社会主义的道路上不断阔步前进，为我们祖国美好的未来贡献更大的力量。

陈奎元

2011 年 4 月

⊙罗澍伟

作者小传

罗澍伟 1938年生，天津社会科学院资深研究员，曾任该院历史研究所所长。长期从事中国历史和天津历史的研究。现为天津市文史研究馆馆员，《历史教学》编委，天津市历史风貌建筑保护专家咨询委员会委员，天津市口述史学会顾问，天津市地名学会顾问，英国剑桥传记中心荣誉委员。主编有《天津简史》、《近代天津城市史》、《天津通志 附志·租界》、《沽上春秋》以及《近代华北区域的城市系统》等，发表论文近百篇，曾荣获"五个一"工程奖，天津市社会科学优秀成果一、二、三等奖。近著有《近世中华国耻录》《天津史话》《天津的名门世家》、《引领近代文明 百年中国看天津》、《天津老胡同》等。

目 录

引　言

距今七八百年以前，在辽阔富饶的渤海湾西岸，在举世闻名的大运河与海河交汇处的三岔河口附近，一座小小的聚落诞生了。历经几百年的风风雨雨，流经身边的河水就像母亲的乳汁，哺育着她一天天茁壮成长，近百年来她终于脱颖而出——她就是近代中国的第二大城市，当今中国北方最大的沿海开放城市，雄伟、壮丽的历史文化名城天津。

在我国众多的城市中，天津可以说是既古老而又年轻。说她古老，是因为天津的城市胚胎远在12世纪初的金代就已经出现，至今已有近700年的历史了，至于天津地区的开发，更可以上溯到两三千年前的战国时期。说她年轻，是因为天津摆脱传统城市的躯壳，开始向近代大城市行列迈进，不过是近一百多年的事情。

天津在古代是怎样成长起来的呢？天津在近代又是如何迅速发展的呢？天津人民是怎样经过近百年不屈不挠的斗争，终于得到了解放的呢？天津在近代中国的历史地位又是如何呢？如果你想知道这一切，就让这本书慢慢地告诉你吧！

一 大运河与海河哺育 起来的城市

 天津平原的成陆和早期开发

今日的天津平原，在六七千年以前，还是一片茫茫的浅海，后来随着大自然的几度沧桑变迁，海水渐渐退去。远在3000年前的商周时期，一条奔腾咆哮的大河——黄河——挟带着大量泥沙，流经到这里入海。据记载，历史上黄河的入海口有8次大的移动，其中3次移到天津附近入海。黄河水挟带的泥沙在入海处逐渐淤积成平坦的滩涂，也使海岸线逐步向东推进了几十公里。所以长期以来，人们说天津是"退海之地"。1949年以后，考古学家在天津附近发掘出不少鲸鱼、海豚的骨骼，和种类繁多的贝壳，这说明，长期在民间流传的口碑故事并不是无稽之谈。

黄河的冲积作用，使天津一带成了宜于耕种的平原农垦区，所以到了2000年前的战国时期，由于铁工具的普遍使用，天津平原进入了全面开发的阶段。近

30多年来，考古工作者陆续在天津郊区发现50多处战国遗址和墓葬。每个遗址几乎都有各式铁制农具，像镢、锄、铲、镰等出土，形状与现在农村使用的非常相似。在南郊的巨葛庄，方圆10里的范围内发掘出九9座聚落遗址，可以想见当时人烟的稠密，真可说是"村烟相望、鸡犬之声相闻"了，你说天津的历史古老不古老呢？

经过战国时期200多年的开发，天津平原一天天富庶起来。西汉初年，在这里设置了5个县，这就是属于渔阳郡的泉州和雍奴，属于渤海郡的东平舒、章武与文安。其中，现在的天津武清区城上村，就是当年泉州的遗址，天津宝坻区的秦城是当年雍奴的遗址，天津静海县的钓台村，则是当年东平舒的遗址。

隋朝开通了大运河，把海河与黄河、淮河、长江连接起来，这样便使地处运河北端，兼有河、海运输之便的天津一带地位重要起来。所以从唐朝时起，这里开始有了正式名称，这就是"三会海口"，即大运河、海河与渤海交汇的地方。

宋朝没有能够统一中国，在北方形成了宋、辽两朝对峙的局面。今天的海河以北属辽，以南属宋，海河成了双方的天然分界线，所以海河、大清河一线在当时被叫做"界河"。宋朝为了防备辽兵南下，在界河以南设置了"寨"、"铺"等军事据点，分兵把守。其中独流、当城、沙窝、小南河、双港、泥沽等寨名一直沿用到今天。

早期的聚落——从
直沽寨到海津镇

　　就在宋、辽对峙期间，东北地区的女真族强盛起来，建立了金政权。金先灭了辽，接着又灭了北宋，统治了淮河以北的半个中国。后来金海陵王把首都迁到中都（今北京附近），每年需要把大批粮食由河北、河南、山东用漕船经过运河送到中都。这样地处南北运河与海河交汇处的三岔河口，便成为金朝漕运的重要枢纽。为保证漕船运输的安全，金朝在武清和柳口派有巡检，又在三岔河口一带建立了直沽寨，设正、副都统，率兵守卫。尽管直沽寨在当时还是个军事据点，但是直沽两个字却成了天津城市发展史上第一次出现的正式名称，而且一直使用到今天。

　　元朝灭金之后，把中都改为大都，仍然作为首都。为了保障大都的粮食供应，首先想办法恢复了大运河的全线通航，后来又实行了海运。由于通向大都的一段运河经常淤浅，不能行驶漕船，所以漕船由渤海湾进入海河以后，只好先停靠在三岔河口附近的直沽办理交接手续，然后再换用吃水比较浅的驳船运到大都。这样，直沽成了元朝漕粮中转的枢纽。当时漕船分春、秋两季北上，每次的运输量都有一百七八十万石，差不多要用两个月的时间在直沽办理中转接运工作。其间，大量漕船聚集在三岔河口一带。有人见到这种壮观的场面，作诗赞叹说："晓日三汊口，连樯集万艘"，

"东吴转海输粳稻，一夕潮来集万船"。为了储存等待运转的粮食，元朝在直沽建立了规模庞大的广通仓和海运仓，在河西务建立了十四仓。为了加强对漕粮的保卫，还在直沽设海津镇和镇抚司，派重兵把守。不久又在大直沽和三岔河口修建了两座天妃宫，以乞求海神对漕船往来的保佑。这时，天津一带的制盐业也发展起来了，在天津附近的渤海湾沿岸一带共设有 22 个盐场，其中"三汊沽"和"丰财"两个盐场就在今日的天津市区之中。伴随着漕运和制盐的发展，直沽人口不断增加，经济也开始繁荣，河海通津地位进一步得到加强。这就为明清时期天津城市的形成与发展创造了条件。

 3 明代的天津卫和清代的

天津府、天津县

明朝灭元以后，在南京建都，大都改名为北平，由燕王朱棣镇守。不久朱棣因和他的侄子朱允炆争夺皇位，率兵从直沽渡河南下。朱棣做了皇帝之后，改年号为永乐。由于这里曾经是天子经过的渡口，所以赐名天津。传说这个渡口就在天津旧城的北门之外，当年这儿曾建有"龙飞"、"渡跸"两座牌坊，以示纪念。

永乐初年，明王朝先后在直沽设立了天津卫、天津左卫和天津右卫，并在三岔河口的西南修建了卫城。后来明王朝才把首都迁到北平，并改名为北京。"卫"

是明代的一种军事建置，每卫有驻军 5600 人。在直沽设立三个卫，目的在于保卫首都的安全，以及保证漕粮储存、运输的正常进行。因为每年都有大批漕粮运到天津，所以先在小直沽和卫城以北建立大量屯仓，又在尹儿湾（今天的北仓）建百万仓，在卫城里面建大运仓、大盈仓、广备仓。每年经过天津运往北京的漕粮有五六百万石之多；为了加强对漕运的管理，天津卫还设立了户部分司。这时的天津已经成为首都的粮食储备基地。

当时在运河上运输漕粮的任务由专门设置的大量运夫承担。为了稳定这些人的生活，官府允许他们用漕船携带一些南北土产往来售卖。随着社会经济的发展，这种交易一天天活跃。结果大运河成了南北物资交流的渠道，大批漕船成了变相的商队。天津也因为水陆交通便利，成为各地物资的集散中心，南北商家纷至沓来。比如广东、福建的蔗糖、纸张和木材，江苏、浙江的丝绸、布匹与茶叶，江西的瓷器，东北的豆类，都是先集中到天津，再转运到北方各地销售的。

清朝初年，随着天津地方经济的发展，原来的卫的建置已经不能适应当时的形势了，于是把天津卫改成了天津直隶州；不久又升为天津府，管辖天津、静海、青县、南皮、盐山、庆云、沧州等六县一州。地方管理体制的变更，对于天津城市的进一步发展起了很大的促进作用。

清代的漕运规模不比明朝小，运夫们携带的南北土产更是一天天增多。后为，清王朝又取消了禁止商人出海贸易的规定，东北的黍、米和豆类开始从辽东大量转运到天津，天津很快成了华北地区的粮食市场。与此同时，闽粤航线开通，广东、福建、江苏、浙江一带经商的海船纷纷来到天津，其中以广东和福建船队的规模最大，每次要有200只左右的大船来到天津，停靠在北门以外的钞关。大量的南北物资、洋广杂货和各地土特产，通过运河与海船，被源源不断地运到，各地的商贩也纷纷涌入，大大地促进了天津与江、浙、闽、粤和与华北、东北、西北地区商业贸易的发展，天津作为区域性商业中心的作用一天天明显起来。

明清时期，天津一带的制盐业发展也很快。当时曾经在沧州的长芦镇设立盐运使司，管理附近地区盐的生产和运销，长芦盐从此得名。后来，随着天津城市经济的增长和水、陆运输的发达，盐的生产和销售也越来越兴旺。尤其是日光晒盐技术的应用，不但使盐的产量大大增加，质量也明显提高，产盐区开始向沿海一带发展，天津逐渐成为北方最大的海盐集散市场。元明时期形成的海河东岸的煎造区，在清初开始被一望无际的露天储盐仓场所替代。每到产盐季节，大批盐包由沿海的滩田用小船运到天津河东地方，码起一个个巨大的盐垛，堆积如山，一望无际，俗称"盐坨"。为适应形势的变化，政府的管理机构——盐运使司衙门也在清初由沧州迁到天津。长芦盐的销售，绝大部分由官府承包给世袭的盐商经营，所以在清代天津出现了一批非常富有的大盐商。比如乾隆时期的大盐商查日乾，在天津城西的南运河北岸修建了秀丽幽雅的水西庄，专门招揽有名的文人墨客，吟诗作画。乾隆皇帝到江南巡幸的时候，路过天津，四次住在这里，当时园中紫芥花盛开，因而赐名"芥园"。

随着城市经济的繁荣以及天津与各地的商品流通的加快，天津的金融业也很快随之发展起来。乾隆年间，山西商人在天津开办的西裕成颜料庄首先在国内创办了天津和四川之间的城际银钱汇兑业务，结果大大便利了商人的贸易活动，日升昌也从中取得了丰厚利润，不久便设立了专门经营汇兑的日升昌票号。此后，其他山西商人也竞相效仿，汇兑业在天津得到迅速发展。

明清时期，由于天津的城市地位和经济地位越来越重要，城内的衙署不断增多，以经营盐务、海运和粮食而发家的地方豪富之家日增一日，行商坐贾，不可胜数，运丁车夫，充街塞巷。天津城以东、以北的沿河码头发展成繁华的商业区，著名的宫南、宫北大街，以及估衣街、锅店街、针市街、茶店口、鱼市、肉市、竹竿巷、洋货街等处，都是非常热闹的市廛。河中船舶往来，陆上车马杂沓，街旁店铺林立，市中熙熙攘攘，天津因此被当时的诗人誉为"小扬州"和"蓟北繁华第一城"。到鸦片战争前夕，天津全县人口达到40多万，其中有近20万人集中在城内和城外的商业区。天津的地位在当时已受到各方面的注意，人们评论说："天津地处各河相汇的要津，可以沟通南北七省舟车。各国进贡的船只，达官显贵出入北京的船只和商贩往来的船只都要在这里停靠，江淮一带的赋税要经过这儿才能运到首都，北方地区所需的鱼、盐要由这儿发送到各地。天津地处众多河流通往渤海的要冲，是首都的重要门户，虽说是府属的县城，但如同大都会一样啊！"

 ## 4　西方资本主义的觊觎

就在天津沿着传统城市的道路不断发展的时候，欧洲一些国家却在资产阶级革命之后陆续跨上了资本主义的战车。为了寻找海外市场和开拓殖民地，西方侵略势力开始把注意力移到了亚洲，尤其是中国。当时天津的经济地位和对于首都北京的重要性一天天提高，因而引起西方资本主义各国的特别注意。他们一直盯着天津，把天津看成是志在必得的猎物。

清王朝建立不久，荷兰首先派出特使哥页和开泽携带给顺治皇帝的大量贡品来到中国，经由天津到达北京，向清政府提出进行贸易的要求，没能如愿，但是繁荣的天津却引起了荷兰人的巨大兴趣。他们在日记里写道："我们到达了天津卫港口，这个地方被认为是中国最著名的沿海城市，当时中国的主要港口有三个：第一个是广东省的主要城市广州，第二个是南京府的镇江县，第三个是位于顺天府东部边缘地区的天津卫。"天津"周围是 25 尺高的城墙……到处被庙宇所点缀，而且人烟稠密，交易频繁，像这样繁荣的商业景象实为中国其他各地所罕见。因为从中国各地驶向北京的船只必须通过此处，这种条件促进了漕运的异常发展，一艘又一艘的船只接连不断地来到这个城市的面前……在三岔河口耸立着碉堡，高高的城墙上筑有守望塔"。为此，使团的随员还专门绘制了天津和天津附近的地图。

最早阴谋策划占领天津，并以天津为据点再攻占北京的，要数野心勃勃的沙皇俄国了。从清朝初年开始，沙俄便不断向东方扩张，先是吞噬了西伯利亚，继而侵占了外兴安岭以东的大片土地，并且把矛头对准了中国黑龙江地区。只是由于清王朝的坚决抵抗，才暂时遏制了沙俄继续南侵的阴谋。然而，彼得一世以后的沙皇和俄国大臣们仍然不死心，他们拟定了各种侵略中国的方案。1730 年（雍正八年），曾经出使过中国并在北京呆了半年之久、还受过雍正皇帝接见的俄国大臣萨瓦·务拉的思拉维赤在给沙皇政府的一份秘密情报中指出，由西伯利亚进入中国的道路共有六条，"看来有一条海道——不必怀疑——可以进入中国的著名海港天津；从天津到北京只有 70 俄里，通过此路难免发生战争，因此需要一支坚强的舰队"。后来的历史证明，在第二次鸦片战争中英法军舰进攻大沽口，就是俄国公使普提雅廷依照这个阴谋，在广州给他们出的主意。

最早提出要开放天津，把天津作为通商口岸的，是当时世界上头号资本主义强国——英国。鸦片战争以前，英国在资本主义各国的对华贸易中，一直占着首要地位。1759 年（乾隆二十四年）清王朝把对外贸易限制在广州一个口岸进行，引起了英国资产阶级的强烈不满。怎样才能打开清王朝闭锁着的大门？一直是英国对外政策的一个侧重点，并先后于 1788 年（乾隆五十三年）、1792 年（乾隆五十七年）、1816 年（嘉庆二十一年）三次派遣使团访问中国，要求中国增开通商口岸。其中第二次派遣的马戛尔尼使团，曾向清王朝明确提出开放天津、宁波进行自由贸易的要求，只是由于清王朝的拒绝而未能如愿。因此，也使英国开始筹谋以武力打开中国大门的侵略行动。

二 被迫开放后的成长

《北京条约》与天津开埠

1840年英国发动了侵略中国的鸦片战争，这场战争虽然是在以广州为中心的东南沿海地区进行的，然而英国侵略者的战略目标，却始终放在作为北京门户的天津。

早在鸦片战争之前，天津已经成为中国北方鸦片走私的最大口岸。鸦片贩子为了赚取高额利润，不惜花重金制造新式快船，由广东沿海北上天津，贩卖烟土。当英国政府决定对中国实行武装侵略的时候，一些鸦片贩子又化装到中国北方沿海刺探情报，并且出谋划策说："天津距北京不过50英里，我们在天津所造成的惊恐，大可逼迫满清政府早日结束战争。"1839年（道光十九年）林则徐在广州施行严厉的禁烟政策，给英国鸦片贩子以迎头痛击之后，英国舰队立刻遵照政府的指示北上天津。这一招果然奏效，大沽口外的英国炮舰引起了道光皇帝的恐惧感。道光皇帝抵抗外国侵略的态度本来就不那么坚决，这时候完全屈服了，他把一切罪过都推到林则徐身上，向英国表示要"重治其罪"。从此清王朝在战争中和战不定，以致一败再败，终于被迫签订了中国近代历史上的第一个丧权辱国的不平等条约——《南京条约》。

然而，西方资本主义侵略者并不满足于他们在《南京条约》中得到的种种特权。鸦片战争结束才几年，英国驻上海领事就写信给香港总督说：要想使中国彻底屈服并不难，只要派遣一支舰队开到天津就可以达到目的。这种要挟手段，比毁灭 20 个沿海或边境上的城市还要有效。此后西方各国纷纷要求修改《南京条约》，加开"天津为通商贸易港口，派领事官驻扎"。1858 年（咸丰八年）英、法两国终于找到借口，发动了第二次鸦片战争。当他们占领广州之后便把军舰开到了大沽口，英国公使额尔金公然叫嚣："只有战舰出现于白河口，才有可能迫使清政府就范。"就在这一年的 5 月 19 日，英、法军舰在俄、美军舰的协助下开始闯入大沽口，第二天向南北炮台发起进攻。清朝的文武大员闻声丧胆，临阵脱逃，英法侵略军沿海河上驶，如入无人之境，于 5 月 26 日闯到天津城外。面对这种状况，天津的大小官吏已经无能为力，只好开城投降。

清王朝得知英法联军到达天津城外的消息非常震惊，赶紧派出钦差大臣驰往天津与英法侵略者谈判。侵略者自以为有恃无恐，将自定的条约逼令清朝的钦差画押，"非特无可商量，即一字亦不令更易"。在侵略者的淫威面前，清王朝屈服了，分别与英、法、俄、美四国订立了《天津条约》。尽管《天津条约》使侵略者得到了公使长驻北京，加开商埠，自由传教和获得战争赔款等许多好处，但是没有把天津列为通商口岸。对这一点西方资产阶级非常不满，认为这是额尔金最严重的"失败"，他们极力想修改这一条约，甚至提出"不惜用武力来打开白河的大门，并继续向京城挺进"的侵略方案。

根据协议，清王朝与英法俄美四国应当在第二年互相交换本国批准的条约，于是英法军舰在1859年（咸丰九年）6月17日第二次开到大沽口外。清朝官员遵照咸丰皇帝的命令，要求四国人员从北塘登陆进京换约，可是英法侵略者自恃武力雄厚，狂妄叫嚣："定行接仗，不走北塘"，并且在6月25日向大沽炮台发炮猛轰。这时守卫炮台的官兵忍无可忍，"各营炮位，环轰叠击"，重创和击毁英法军舰4艘，英法联军的登陆部队死伤大半，联军舰队司令贺布也受重伤。对于英法两国强行闯入大沽口的强盗行为，马克思愤怒斥责说："白河冲突并非偶然发生的，相反地，是由额尔金勋爵予先准备好的。"然而英法侵略者并不甘心他们在大沽口的失败，两国政府决定以这件事当借口继续扩大侵略。1860年（咸丰十年），英法两国分别从本土和殖民地调集了2万多名海陆军，又租用了100多艘民船，浩浩荡荡向中国进发。英国政府指示这支远征军说，应当从北直隶湾和白河登陆，如果攻占了大沽口炮台仍然不能使清王朝屈服，可以沿白河攻打天津，迫使清朝皇帝妥协。法国政府也认为，在白河登陆后，应该向天津进军，并且在天津巩固自己的阵地。

14

　　清王朝料定英法两国一定前来报复，于是下令统署军事全局的僧格林沁继续加强大沽口和天津城的防务。僧格林沁在天津城周围挖壕筑墙，设立了 11 座营门，但是对于北塘却没有布防，幻想英法两国仍然能遵照清王朝的要求，从这儿登陆去北京换约。

　　英法舰队在渤海湾集中后，接受上次强攻大沽口的教训，先进行详细的侦察。当他们探实北塘没有设防之后，使用伪装偷袭的办法，于 1860 年（咸丰十年）的 8 月 1 日乘潮在北塘登陆，船上高悬白旗，上写"免战"两个大字，两边写着"暂止干戈，两国交话"。清军远远见到这种情形，还以为是英法两国遵旨进京换约，于是掉以轻心，两国侵略军 1.8 万人，从容挽炮登陆，第二天便占领了北塘镇，然后疯狂进行烧杀抢掠。侵略者"冲进住宅，捣毁店铺的大门，把所有的东西都洗劫一空"。"妇女和小孩的尸体横七竖八地躺在屋内和街上"。英国翻译官巴夏礼供认说："这个镇情况凄惨，因为被我们的军队洗劫了……我们必须承认，虽然我们的人行为不良，法国人更远远过之。"

　　8 月 12 日英法侵略军分兵攻占新河与军粮城，14 日集中兵力扑向塘沽，遭到清军顽强抵抗，最后用密集的炮火将塘沽清军工事摧毁，将塘沽占领。这样，大沽北炮台的后方便完全暴露在敌军面前。与此同时，英法军舰冲到北炮台前，使大沽北炮台处在腹背受敌的不利处境。21 日侵略军向北炮台发起进攻，提督乐善阵亡，炮台失陷，大沽南炮台清军见状自动弃守。

　　大沽南北炮台失守后，天津门户洞开。英法侵略军立即调集军舰从海河上驶，8月24日到达东门外浮桥。直隶总督恒福登舰求和，翻译巴夏礼当面出示联军占领天津的布告，然后在天津城墙上遍树联军旗帜，轻而易举地占领了天津。

9月8日英法侵略军由天津向北京进犯，清军节节败退，咸丰皇帝带领后妃逃往热河，北京城陷落。10月24日和25日清王朝分别与英、法两国全权代表交换了《天津条约》，同时又签订了中英、中法《北京条约》。依照《北京条约》天津被开辟为通商口岸。

《北京条约》签订以后，西方资本主义侵略者最终实现了自从马戛尔尼使华以来，连做梦都在追求的愿望。从此，天津被抛进了资本主义的漩涡，也不得不改变原先对外封闭的状态。

为了适应开埠以后的新形势，清王朝采用了广州开埠后设立五口通商大臣的办法，在天津设立了三口通商大臣，专门管理新开放的北方三口——天津、牛庄（后来改为营口）、登州（后来改为烟台）的通商事务，另外，还兼办海防。最早出任三口通商大臣的是崇厚，任期长达10年。后来因为"天津教案"发生，崇厚代表清王朝去法国"赔礼道歉"。这时，朝野上下才认识到三口通商大臣因为没有管理地方文武官吏的权力，已经不能适应天津华洋杂处的局面，所以将三口通商大臣裁撤，一切事务改由直隶总督兼北洋大臣办理。天津与北京近在咫尺，开埠之后，各方面的地位一天天的上升，尤其是在对外交涉和国家防务等方面，其重要性渐渐超过了最早开埠的广州和上海。

设在天津的直隶总督衙门不但有权代表清王朝接见各国使节和签订各种条约，而且负责统帅清王朝庞大的新式海陆军，权势和地位十分显赫。清王朝十分重视直隶总督的任命，第一任直隶总督兼北洋大臣就是当时号称最为精通"洋务"的李鸿章，外国人也因此把直隶总督衙门看成是中国的第二政府。

在天津开埠的同时，西方资本主义国家利用侵略特权掌握了天津的海关大权。为了控制这个北方的贸易大港，他们对于负责天津海关税务司的人精心挑选。从1877年（光绪三年）开始，便由一名极端效忠西方的英籍德国人德璀琳来担任，从此德璀琳把持天津海关长达22年。其间，德璀琳忠实执行西方资本主义国家对中国推行的各项侵略政策，积极帮助天津的外国洋行掠夺中国的财富，同时想方设法向中国倾销商品，向清王朝兜售军火，德璀琳因此被天津的外国资本家称为洋行"贸易的助手"。德璀琳还长期担任天津英租界的董事长，积极谋求租界的扩张。德璀琳与资本主义各国联系广泛，因此对于直隶总督李鸿章有着强烈的影响，德璀琳经常代表清王朝执行特殊的政治使命，当时外国报纸评论说："在外交上，李鸿章是德璀琳的'大债户'"。一个久居天津的英国人说：德璀琳在任的20多年来"几乎是中国的实际上的外交部长，因而，北京的外交使团要不先来到天津见过德璀琳先生与李鸿章之后，是什么也干不了的"。

天津开埠以后，资本主义各国还利用领事馆来干涉中国内政，实现侵略阴谋。他们这样做主要是因为天津地近北京，而且有各国租界做掩护，进行种种阴谋策划十分方便。近代中国许许多多重大历史事件都跟各国驻天津领事馆有着明显关系。如甲午战争中，日本领事馆从天津电报局的一名报务员那里得到了高升轮由天津运兵增援朝鲜的情报，结果在黄海把高升轮击沉，使清军遭受了重大损失。戊戌变法期间，日本领事馆帮助康有为和梁启超逃往国外，企图借机插手中国政局。义和团运动中，天津租界和领事馆更成为帝国主义直接侵略中国的大本营。北洋军阀统治时期，各国驻天津领事馆又成为各派军阀的幕后操纵人，无论哪派军阀，一旦失利，便跑到天津租界做寓公，寻求帝国主义的庇护。当时群众有一句口头禅，叫做"北京是前台，天津是后台"。当第二次鸦片战争还在进行，大沽口上空还弥漫着炮火硝烟的时候，美国公使列维廉就已经为日后的天津勾勒出一副特别清晰的画面，他说："一旦开放天津，那么，除了给欧洲列强一个足以威胁京城的基地以外，天津还将会成为一个阴谋的巢穴。"其实，这句话不仅仅是对未来的预言，也是对历史的总结。

② 九国租界并立

由于西方资本主义国家长期以来把天津定为既定的侵略目标，所以天津一旦开埠，他们就不放过一切机会在这里抢占地盘，强划租界，建立自己的势力范围。

租界是半殖民地旧中国一种独有的社会现象。鸦片战争之后，西方资本主义国家根据不平等条约，首先在上海划定了租界，以供本国的侨民居住。经过第二次鸦片战争，他们又分别在天津、广州、汉口、九江、镇江、营口取得了设立租界的权力。天津作为近代饱受资本主义——帝国主义侵略和掠夺的城市，自从开埠之后到 20 世纪初，先后有 9 个国家强设了租界。

1860 年 12 月（咸丰十年十月），也就是天津开埠的一个多月之后，英国驻华公使卜鲁斯便交给清王朝一份照会，划定天津城东南紫竹林附近的海河右岸 400 多亩土地为租界，包括 8 座村庄，122 户人家，限 3 日内一律迁出。这是列强在天津强设的第一个租界。英国在天津强设租界，并没有与清王朝签订任何正式的章程或合同，就凭一纸照会。狡猾的英国政府自知理亏，所以把每年天津县衙门给租界当局开具的租金收据作为占有租界的法律依据。就在英租界划定不久，法国驻华公使哥士耆也赶到天津来，亲自在英租界以北划了一块 400 多亩的土地作为法租界。后来又与三口通商大臣崇厚签订了《天津紫竹林法国租地条款》。几乎与此同时，美国人也来到了天津，在英租界之南强划了一块美国租界。英、法、美三国租界紧密相连，面临海河，背靠由北京通往大沽海口的要道，是进出天津的水陆交通咽喉。

由于租界是列强侵略战争的产物，所以从此以后，列强每发动一场大规模的侵华战争，他们在天津的租界就要增加或扩张一次。

1895 年（光绪二十一年），德国硬说在甲午中日战争中"压迫"日本把辽东半岛"归还"中国有"功"，于是在天津美国租界以南强划了德国租界。第二年日本也强迫清王朝同意在天津等通商口岸设立日本租界。1898 年（光绪二十四年），日本正式在天津法租界以北强划 1000 多亩土地作为日本租界，而天津的日租界又是日本在中国设立最早、经营规模最大的租界。就在德国和日本强行在天津设立租界的同时，英国自行将租界向南扩张，然后强迫清王朝予以承认。

义和团运动失败后，天津被 8 个帝国主义分别占领，他们又乘机掀起了第三次强划租界的高潮。

在战争中，沙俄军队抢先强占了天津老龙头火车站东南、海河东岸 7 里多长的大片土地，并无耻宣布："这是俄国军队通过战争行动所取得的财产"，然后插上俄国国旗和写有"奉军事当局命令占用此地"的木牌。这时清王朝被帝国主义打得惊魂未定，1900 年（光绪二十六年）12 月，被迫与沙俄驻华公使签订了《天津租界条款》，第二年 6 月正式划定俄租界。俄租界分为东、西两区，共占地 5000 多亩。

俄国一次就强划了这么大的租界，总面积竟然超过了当时英、美、法、德、日五国租界的总和，结果引起了各国的嫉妒和不满。法国驻天津总领事杜士兰首先发出通告，声明将法租界以西、海大道（今大沽路）至墙子河（今南京路）之间的大片土地划为"扩充界"，共占地 2000 亩。

英国见此情形也不甘落后，1901 年（光绪二十七年）英国驻华使馆命令驻天津领事金璋强占地盘，以备日后作为扩张租界之用。于是，金璋擅自将英租界越过墙子河向西扩展到海光寺大道（今西康路），共占地3900多亩。到了1903年（光绪二十九年），经天津海关道同意，正式将这块地方交给英租界管理。在这以前，英、美两国还私相授受，于1902年（光绪二十八年）将美租界并入英租界。这时的英租界共占地6100多亩，超过了俄租界，成为天津各国租界中占地最广的一个。

德国在占领天津期间，见各国争相扩大租界，于是也擅自将租界范围向海大道（今大沽路）以南扩张，占地3000多亩。1901年（光绪二十七年）德国驻天津领事与天津道台签订协议，正式将这块地方划定为"新界"，这样德国租界总面积多达4200多亩。

在侵略中国的问题上，日本从来不甘落后，1900年，日本擅自将南门以外城南洼的2500亩土地划为"预备租界"。1902年法国与日本私相授受，将原来法租界的"预备租界"90亩并入日租界。1903年，日本驻天津总领事与天津海关道签订了《天津日本租界推广条约》，把城南洼的"预备租界"和原来的小刘庄河岸码头"退还"给清王朝，而将日租界北侧及附近的400亩土地划为日租界的"推广界"，这样，日租界共占地2100多亩。

1900年，意大利以"占领国"的身份，援引1866年（同治五年）签订的中意《北京条约》，要求享受"最惠国待遇"，也就是和其他国家享有在天津设立租界的同等权力，在天津设立意租界。1902年，意大利驻华公使与天津海关道签订了《天津意国租界章程合同》，在老龙头车站以西的海河北岸划定意租界，占地770多亩。

同一年，奥（地利）国也提出在天津设立奥国租界的要求。1902年，奥国驻天津副领事与天津海关道签订《天津奥国租界章程合同》，在意租界之北划定奥租界，占地1030亩。

8个帝国主义国家联合出兵镇压义和团运动的时候，比利时并没有直接出兵，可是在八国联军占领了天津以后，比利时也趁火打劫。1901年，比利时驻天津领事擅自发布公告，将俄租界以南至小孙庄地方强占为比租界。1902年，比利时驻天津领事与天津道台签订了《天津比国租界合同》，共占地740亩。

到这个时候，天津出现了英、法、美、德、日、俄、意、奥、比9国租界并立的局面。因为美租界在1902年并入了英租界，所以在习惯上多认为天津有8国租界。

天津9国租界共占地2.3万多亩，差不多是天津旧城的8倍。在一个城市里有这么多这么大的外国租界并立，这在世界上也是独一无二的。9国租界并立，是帝国主义列强瓜分中国的缩影。从此，天津成为旧中国典型的殖民地和半殖民地的城市。

 3 北方最大的港口

天津开埠之后，曾经使大批的外国商人欣喜若狂，他们非常希望能够通过天津占领中国北方的广大市场。据说一些西方国家甚至盼望有朝一日天津港口"能在重要性上压倒上海"，或者至少把那些地区上的商业吸引过来。所以各国租界的设立，都选在水深河阔的海河上游沿岸，而且陆续修筑了先进的停船码头，这就为租界发展成为天津港口的航运中心创造了条件，并由此促进了租界的繁荣，使租界逐渐形成了城市的经济中心区。

就在天津开埠的当年，便有 100 多艘外国商船装着 5 万多吨货物来到了天津。也许很多外国商人是抱着试探的心情来到天津的，但是他们获得的利润告诉他们，到天津来对了。从此，来到天津的商人和商船与日俱增。到 1899 年（光绪二十五年）的时候，天津进出口的商船达到 1000 多艘，总吨数达到 150 多万吨。开埠以后的 30 多年中，天津的进口贸易额增长了 5 倍，出口贸易额增长了 9 倍。连外国人控制的海关在总结这种情况的时候，也不得不承认，历史为天津确定的主调"是本商埠的潜在力量，这种力量，不顾一切阻碍，持续地向前突进"。

就拿洋布的进口来说吧，开埠以前，天津并不是传统的布匹集散地，可是在开埠之后，洋布很快就成为天津的大宗进口商品，一般要占进口货的一半以上。进口量也超过了上海，占全国洋布进口总数的 1/4 强。在 19 世纪末，天津每年进口的洋布，可以给直隶、山西两省每人制作 3 件成人衣裳。进口的洋布大部分运到山西、河南、山东，一部分运往陕西和蒙古。山西一省每年有 300 多名商人来到天津，把洋布贩到本省各地区销售。原来由汉口和福州运往俄国的茶叶，这个时候也改由天津陆路运输到俄国的远东地区，因为这条运输路线比海运到欧洲更能保持茶叶的芬芳，一时间茶叶贸易大盛。此外，各种进口的五金制品，日用百货，如肥皂、衣针、轴线、火柴等等，也由天津畅销各地。这样，随着外国商品的不断输入，逐步形成了天津与华北、东北和西北地区进行商品交流的新网络，和以天津为中心的北方市场区。

一方面是具有竞争能力的"廉价"机器产品，通过天津港口大量输入到北方各地，另一方面是北方地区那些特有的农业和畜牧业产品，通过天津输出到世界各国。由于资本主义国家对各种工业原料的需求日益增加，从前那些使用价值非常小，甚至是废弃的东西，这时也可以通过天津拿到国外去卖钱。比如，天津开埠以前，西北和蒙古地区的羊毛除了制成毛毡以外，其余的都用来沤粪，而大量的骆驼毛，则全都扔掉，任其随风飘扬。至于山东、河南在打麦后剩下的麦秆，多数由农家用于烧火做饭。可是天津开埠以后，北方各地很快被卷入世界资本主义市场，各种皮毛和利用麦秆编制的草帽辫都成了大宗的出口商品，天津也成为全国最大的皮毛和草帽辫的出口口岸。

与对外贸易紧密相连的是洋行的大量出现。所谓洋行就是中国人对外国人在本地区设立的进出口贸易公司的通称。当时，由于有不平等条约保护，洋行只需交纳 7.5% 的进口税，他们的商品便可以在全国畅行无阻，所以洋行的进口业务非常发达。例如，各国洋行趁清王朝在天津进行"洋务"建设的机会，进口各种机器设备、工具和零配件。清王朝决定在天津兴建铁路，洋行竞相把天津变成铁路的宣传中心，最后广隆洋行的老板韩德森竟然争取到把铁路公司设到他的洋行里。当清王朝筹办轮船招商局时，咪哆士洋行的老板咪哆士，又争取到把轮船招商局天津分局设在他的洋行之中。清王朝准备加强天津的国防力量，推行军队的近代化，德商的礼和洋行和禅臣洋行都因借机向清王朝出售新式军火和军队装备而发了大财。德国的泰来洋行本来不太景气，就因为向清政府出售鱼雷，业务为之一振。此外，洋行还大力经营那些群众消费量很大的日用品，比如，德国的世昌洋行经营洋针，礼和洋行经营轴线，德孚洋行经营染料，这些东西充斥了中国北方市场。对于官僚、地主、军阀等需要的奢侈品，洋行更不放过，法国亨得利洋行、德国增茂洋行、英国乌利达洋行专门经营钟表、八音盒之类的东西，用敲诈性的价格从这些人身上捞走了大量白银。

　　洋行还利用不平等条约，低价从中国内地购买畜产品和土特产品。他们在内地收购土产货物之前，根据不平等条约所享有的特权，先从海关领出交纳内地税的凭证"三联单"，持单收购的货物，沿途免税放行，不再受中国税收制度的约束。像英国的仁记洋行在宁夏设立外庄，垄断收购青海、西宁的羊毛；在包头设立外庄，垄断收购驼绒；在海拉尔设立外庄，垄断收购兽皮，同时利用中国廉价的劳动力进行加工，然后高价卖到国外，赚取巨额利润。这种掠夺式的贸易虽然极大地促进了天津腹地农畜产品的商品化，但也给腹地各省，特别是广大农牧民造成了巨大的经济损失，成为世界资本主义对落后国家实行经济剥夺的一个组成部分。

当时由于西方资本主义国家掌握轮船等先进的运载工具，一些洋行见有利可图，便专门经营天津港口的远洋和内河航运业务，其中以英国怡和洋行和太古洋行的经营规模最大。怡和洋行除了经营天津到世界各大港口的远洋航运业务外，还经营天津到上海、天津到广州两条沿海航线。该洋行还无视中国主权附设了大沽引水公司，垄断大沽口的引港业务。太古洋行辟有天津到上海和天津到香港两条航线。该行开业之初，只在英租界码头有几间平房和几条旧船，两年以后，便在英租界的中心维多利亚道盖起了天津太古洋行大楼。不久又同怡和洋行联手，修筑了专用的码头和仓库。英国仁记洋行经理狄更生，见海河航道比较狭窄、水浅，吨位大的轮船只能停泊在大沽口外，经营驳船可以赚钱，于是他出面组织了英商大沽驳船公司，垄断了海河驳船的往来运输，也发了横财。

由于进出口贸易迅速发展，天津同北方各地的经济联系不断扩大，不论是在天津本地的，或者是外地来天津经营洋货进口、土特产出口的商人，以及天津与各城市之间的商业往来，都需要频繁的资金周转，所以天津旧有的那些钱庄、票号在开埠以后继续得到发展。

一般说来，钱庄、票号的服务对象是中国商人，而许多洋行经营进出口贸易时所需要的大量资金，就要靠资本雄厚的大洋行附属的银行业务部来提供。显然，各洋行商人之间在经营进出口的贸易上是有竞争的，这就影响了洋行商人共同参与对中国的经济掠夺。当时，香港是英国对中国各通商口岸进行贸易的基地，所以英国决定建立一家总行设在香港，分行设在各通商口岸的银行。1865 年（同治四年）汇丰银行香港总行和上海分行同时成立。1880 年（光绪六年）又开始筹办天津分行，第二年正式开业。汇丰银行天津分行的建立，为天津各洋行贩卖外国商品、掠夺中国农畜产品提供了方便的资金来源。天津海关在汇丰银行天津分行开业后的一份"贸易报告"中以欣喜地心情指出："汇丰银行在这个港口有了一个营业鼎盛的分行……能以较低的价格把货物运到天津"，"货物外运比以前有了大幅度的发展，而且很可能还要发展"。

汇丰天津分行还通过向清王朝贷款控制中国经济。当时清王朝打算兴建铁路，大部分贷款都是由汇丰银行提供的。以后该行又陆续向中国政府提供贷款。例如：汇丰银行在天津设立分行之前，仅向中国提供过四笔贷款，总金额是 1200 万两白银。天津分行设立之后到 1927 年，汇丰银行向中国政府提供的贷款多达 78 笔，总金额为 3.38 亿两白银，主要以中国的盐税和海关关税担保，这就使汇丰银行控制了中国中央政府两大税收的存管权。

汇丰天津分行因为经常接触中国的官僚、贵族、军阀，想办法吸收这些人的存款，也成了这家银行的

二 被迫开放后的成长

27

主要任务。据说，李鸿章在汇丰天津分行有 150 万两白银的存款，庆亲王奕劻有 120 万两白银存款。把中国人存入的货币，通过贷出转变成资本，反过来再用于对中国的掠夺，这是外国金融机构在中国的经营目的之一。此外，汇丰银行天津分行还利用天津金融市场与国际金融市场的对接，一手垄断了天津的外汇牌价，并取得了在中国公开发行纸币的权力。

继汇丰天津分行成立之后，英国的麦加利银行，俄国的华俄道胜银行、远东银行，德国的德华银行，法国的东方汇理银行，美国的花旗银行、交通银行，日本的横滨正金银行等纷纷在中街（今解放路）或中街附近选址开业。那时候，凡是在天津设有租界的国家，几乎都建立了本国的银行。显然，他们的目的不外乎是在天津这个北方最大的贸易港口，进行竞争性的掠夺而已。

新式工业的基地

第二次鸦片战争以后，清王朝看到天津在"拱卫京畿"上的重要作用，便决定在天津建立近代化的军事工业体系。

1866 年（同治五年）兴建的天津机器局是全国第二大兵工厂，其规模仅次于上海江南机器制造总局。江南机器制造总局以制造新式枪炮为主，而天津机器局以制造火药为主，产量基本满足全国的需要。天津机器局在城东 18 里的贾家沽道，所以也叫机器东局。

大约一年以后，从国外购买的各种制造火药的机器陆续安设在东局，把从上海等地购买的蒸汽机、化铁炉和各式车床，安设在天津南关外海光寺，用来制造枪炮，并专门为东局的机器做修配工作，这就是机器西局，也称南局。1870 年（同治九年）天津机器局正式开工，正好赶上"天津教案"发生，三口通商大臣崇厚离开本任出使法国，于是清王朝改任直隶总督李鸿章总管这个局的一切事务。李鸿章接管后，首先进行扩建，不久，东局的碾药厂由一座扩建为四座。为了储存大量火药，先后建立洋式药库三座。西局因为制炮的需要，购买了专门制造新式林明敦机的机器和制造子弹的机器，扩建了洋枪厂，并试制成镪水、雷管、水雷等。同时不断更新设备，能制造出车、刨、磨、锯等机床。因为东局以制造火药为主，所以当时称为"机器造药局"，西局以制造枪炮为主，称为"机器铸炮局"。

试制新式武器也是天津机器局的任务之一。1876 年（光绪二年）在东局添设电气水雷局，附设电气学堂和水雷学堂。电气水雷局制成的各种水雷"历赴海口演示，应手立效"。中法战争以后，李鸿章认识到必须赶上当时火药制造的世界水平，于是又在东局兴建了设备先进、专门制造栗色火药的厂房。为制造最新卡式钢制炮弹和小钢炮，1892 年（光绪十八年）天津机器局从英国新南关机器公司购买了一套最新的西门子马丁炼钢法的炼钢设备。从葛来可夫蒿尔购买了化铜炉，从格力活厂购买了水力压钢机、七吨起重机和各种新式车床，又从国外聘请了炼钢、熔钢技师。一年后就投入了生产。

天津机器局还能生产各种近代化的军用设备或民用产品，如1880年（光绪六年）制造出一种用于在水下布置水雷用的水底机船。这种船"式如橄榄，入水半浮水面，上有水标尺及吸气机，可于水底暗送水雷，置于敌船之下。其水标缩入船一尺，船即入水一尺。中秋节下水试行，灵捷异常。颇为合用"。第二年，又制造出能载四五十人的小汽船，以及两艘130匹马力"七丈螺轮船"，专门用于海口布防，也可用为小战船。为了疏浚海河上游的各条河流，天津机器局还制造出"直隶"号挖泥船。这只船"以铁为之，底有机器，形如人臂。能挖起河底之泥，重载万斤，置之岸上，旋转最灵，较人工费省而工速"，用于疏浚大清河，进展非常顺利。

当时的天津机器局规模非常大，西局有工人六七百名，东局几乎有2000人。东局还有运河直通海河，有轻便铁路通到天津城东门之外。机器局的生产技术也非常先进，连当时外国人采访后发表的通讯里，也不得不承认，天津机器局厂房十分坚固，机器庞大而复杂，是"世界上最大最好的火药厂。能以最新式机器制造最新式的火药"。在中国近代工业史上占有十分重要的位置。

19世纪各国的工业还处于蒸汽动力的时代，煤对工业来说一天也不能缺少。天津机器局筹建的时候，所需的1000多吨煤炭是随着机器由英国运来的。后来改用日本长崎出产的煤，还设立了专门用于储存进口煤的煤栈。高昂的运费大大增加了机器局的运营成本，因此在天津附近寻找煤矿，就成了刻不容缓的事情。

1876年（光绪二年）李鸿章得知唐山东北的开平出产优质煤炭，于是派人带领英国矿师前去勘察。经化验，煤质优良，富有开采价值，李鸿章决定招商开采。1878年（光绪四年）开平矿务局正式成立，对外称为中国机器采矿公司，由英国人柏内特为总工程师、金达为工程师，一律采用英国最先进的采煤机器，这样开平便成为中国最先使用近代方法开采的煤矿。

主持开平煤矿建设的，是当时的轮船招商局总办唐廷枢。他在考察开平的过程中，发现开发开平矿的关键不在于生产而是在运输，他认为要降低开平煤的成本，使开平煤在市场上有能力与洋煤竞争，必需修建铁路。在唐廷枢的主持下，从1880年开始，首先修筑了一条从矿井到丰润县胥各庄全长约9.7公里的铁路，然后又用外国先进的技术，开凿了从胥各庄到芦台全长30公里的运河，这是近代中国第一次采用西法开凿河道。接着又疏通了芦台和天津之间的蓟运河。唐廷枢用水陆联运的办法，解决了开平煤运到天津费用过高的问题，不但为天津近代工业的发展解决了动力资源，而且促进了中国交通业的进步。

另外，唐廷枢还十分注意保持开平矿的商业性质。他认为开平矿名义为官督商办，实际上应当由商人经营管理，一切需要按照"买卖章规"进行。凡是购买1万两股票的股东，就可以派一人到矿局任职。这样，使大的股东有权对矿山进行管理，同时也可以增加投资人的安全感和积极性。煤炭运到天津，一律按照市场价格供给机器局和招商局的轮船使用，从而保证了开平煤矿利润的回收。此外，唐廷枢还争取到了清政府对开平煤矿的减税优惠，从而有利于开平煤矿投入市场竞争。

在唐廷枢的努力下，使开平煤具备了开采成本低、运输便捷等优势，因此很快就占领了天津的煤炭市场。在开平煤投产之前，天津的煤炭市场几乎全为日本煤所独占，每吨价格高达 7 至 8 两白银。开平煤发火力旺，含硫量低，燃烧后很少出现熔渣。投入天津市场后，每吨价格仅为 4.5 到 5 两白银，质优价廉，日本煤当然不是竞争对手。几年之后，天津市场上的洋煤几乎完全绝迹，而开平煤的产量与储存量却与日俱增。开平煤矿生产的迅速发展，给企业带来了良好的声誉。1882 年（光绪八年）的时候，上海有人愿以 237 两白银的价格，购进面值为 100 两白银的开平股票。从 1888 年（光绪十四年）起开平煤矿开始发放股息，利率为 10% ~ 12%，这在中国近代企业中是少见的。因此开平煤矿在当时被外国人看成是天津工业发展的"新纪元"。

 近代交通和通信的枢纽

天津开埠前，往来这里的大都是旧式帆船，可是在开埠后的十余年间，天津便发展成为外国轮船的客货运输中心，那些经营轮船运输的洋行老板都发了大财。而一些有见识的中国人也意识到运输工具的改革已是不可阻挡的潮流，中国只有急起直追，兴办自己的轮船业才能够挽回利权。

1872年（同治十一年），李鸿章指示天津的海关官员和在天津的广东商人商讨建立中国轮船运输的方案。后来，又命令上海的沙船主朱其昂来天津研究轮船招商的具体办法。1873年1月（同治十一年十二月）轮船招商局在上海成立，天津分局就设在紫竹林以东的咪哆士洋行里，同时在附近建立起栈房等附属建筑。为了与外国商人争夺从大沽口到租界码头的运货驳船生意，分局下面又设立了中国驳船公司，备有拖船和驳船，承担往来运输业务。轮船招商局的出现，打破了外国人一手把持天津轮船运输的局面。由南方运往北京的漕粮，由奉天（今辽宁）运往天津的杂粮，以及赈济北方灾区用的粮食，首先改由招商局的轮船承担运输。

轮船招商局为与天津怡和、太古、旗昌等公司争夺业务，专门设立了春元揽载行，揽载客、货运输。南下或北上的各省商民和许多官吏由于爱国心切，都愿意搭乘招商局的轮船；官府运送的各种物品和公文也一律由招商局承担。由于举国上下的支持，招商局生意兴隆，营业状况日盛一日，不久，北洋航线的运输收入中的60%为招商局所得。

中国的第一条营运性铁路也是在天津诞生的。前面说过，天津最早修建的铁路，是从开平矿井到胥各庄9.7公里长的矿山铁路。当时负责设计这条铁路的是英国工程师金达。金达来中国之前，曾经在日本从

33

事筑路工程，积累了一定的经验，因此他认为，如果这条铁路日后能成为中国铁路运输系统一个部分的话，那么轨距必须放宽。经过金达的争取，这条铁路采用了标准轨距，这就是今天仍然通用的 1.45 米。1881 年（光绪七年）全线竣工。

与此同时，金达还利用矿井卷扬机上的蒸汽锅炉、废井架以及旧车轮，制造了一个火车头——"中国火箭"号。在 1881 年（光绪七年）6 月 9 日，即火车发明人斯蒂芬森诞生 100 周年的纪念日，由开平矿总工程师柏内特的夫人正式为这辆机车命名。为什么叫"中国火箭"号呢？这是因为斯蒂芬森在 1829 年制造的第一辆蒸汽机车就叫"火箭号"。后来又制造出中国人一般都称之为"龙号"的机车。火车开始运行后，这条矿山铁路便成为中国近代铁路运输系统中最先建成的一条。这辆"龙号"机车一直在铁路线运营了 20 多年，后来被存放在北京的交通博物馆里。七七事变之后，这辆龙号机车落入日本人之手，此后竟不知去向。

1882 年（光绪八年）柏内特退休，金达继任开平矿总工程师，在他的鼓动下，李鸿章说服了清王朝，把铁路延伸到芦台附近的阁庄（今闸口）。为此，李鸿章先后筹集了 25 万元资金，组建了开平铁路局。先用 12.5 万元支付了原有矿山铁路的造价，剩余的钱用于展筑新路。1886 年（光绪十二年）11 月展筑工程开始。因为路基用的是胥各庄到芦台运河的河堤，再加上天津各洋行的竞争，使路局购买的铁轨远远低于市价，因此工程进展很顺利，第二年的 5 月全线竣工。

很显然，铁路延伸的下一个目标便是天津了。然而要把铁路修到天津，在当时不是件轻而易举的事情，许多人都把铁路看成是"穿着令人憎恶的外国服装"的怪物，所以李鸿章只好以军事运输的需要，先把铁路由芦台修到大沽北岸，然后再将大沽至天津的铁路逐段兴修。不久，这一计划得到清王朝的批准。为了筹集筑路资金，开平铁路局决定公开招股100万两。1887年（光绪十三年）公布了招股章程，甚至还在外国的报纸上刊登了广告。与此同时，开平铁路局也改称为中国铁路公司，后来又改称为中国天津铁路公司。名称的改变说明中国的铁路建设开始突破地方的局限。

唐胥铁路展筑的消息传出之后，天津的各国商人欣喜万分，刹那间天津成了外国人的铁路宣传中心。为了争夺在中国修筑铁路的权益，许多国家的商业组织都在天津租界里设立了相当大的办公点。像法国的工业界便联合起来，在天津设立了办事处；怡和洋行也从英国运来了五里长的小铁路，铺设在紫竹林附近的空地上进行演示，还邀请李鸿章和其他官吏乘坐。不久，其他洋行也纷纷效仿，租界的旅馆因此被争订一空。

1888年（光绪十四年）由唐山到天津的铁路全线通车，这就是历史上有名的津沽铁路或北洋铁路。在通车典礼上李鸿章带领天津官、商进行了一次旅行视察，全部行程只用了3个小时。

此后，李鸿章计划将津唐铁路分别展筑到北京通州和山海关。到山海关的铁路在1894年（光绪二十年）完工，而通往通州的铁路却因为清王朝中保守势力的阻挠而不得不被搁置起来，最后将这个方案改为修筑卢沟桥至汉口的铁路。直到 1895 年（光绪二十一年）清王朝才批准修筑由天津到卢沟桥的铁路，2 年后通车。

由于历史的原因，在 20 世纪以前中国铁路的初创阶段，是以天津为中心向周邻地区发展起来的。当时铁路的修筑不但带动了天津城市和港口的成长，而且大大提高了城市的地位，所以津沽铁路的通车也可看成是天津历史上划时代的大事。

天津也是近代中国最早自设新式通讯网络，把中国与世界联系起来的城市。1879 年（光绪五年），天津鱼雷学堂教员贝德斯根据李鸿章的指示，首先在大沽和北塘各炮台间架设电报线，直通天津，总长约 60 公里，不久又在天津机器局和直隶总督衙门之间架设了 6.5 公里的电报线。因为当时在中国海关工作的法国人威基谒，已经发明了一套用阿拉伯数码来代表汉字的方法，这样就解决了汉字用于电报传输的困难。

当时英国无视中国主权，擅自从香港铺设水底电线到广州和上海，传说还要延至天津；丹麦也擅自从吴淞口铺设水线到上海。在这种情况下李鸿章决定先发制人，从天津架设陆路电报线至上海，这个计划在 1880 年（光绪六年）得到批准。为了培养电报专门人才，当年 10 月还在天津东门外扒头街设立了电报学堂，招收学生 32 人，由丹麦人璞尔生和克利钦生讲授电学及收发报技术，在天津城东门里成立了电报总局。

1881 年（光绪七年）津沪间架线工程开始，当年完工，分别在天津紫竹林、大沽口、济宁、清江、镇江、苏州和上海7处设立分局。这一年的12月21日全线通报，7天后正式对外营业，第一个月收发电报一律免费。当时上海与许多国家有海底电报线相通，电报线从天津架设到上海，实际上就意味着把天津同世界上许多国家联系起来。

电报一经出现，就以信息传递的迅速受到各级官吏和各地商人的欢迎，纷纷要求把电报线架到全国各地。1882年（光绪八年），经李鸿章申报批准，决定架设上海到广州的苏浙闽粤电报线，第二年竣工，全长有2500公里。1883年李鸿章又将电报线由天津架设到通州，再由通州架双线，一条通内城总理各国事务衙门，作为官用；一条通外城，作为民用。同一年，南洋大臣左宗棠架设了自南京到镇江、南京到武汉的两条电报线，不久又安设了汉口、武昌间的水线。两广总督张树声也架设了从广州到龙州的电报线。1884年（光绪十年）李鸿章又把电报线从北塘架设到山海关，并由山海关到达奉天（今沈阳）；这一年电报总局迁往上海。1885年（光绪十一年）天津至保定电报开通，云贵总督岑毓英架设了从汉口经成都到云南蒙自的电报线。1889年（光绪十五年）陕甘总督杨昌浚架设关陇电线，自保定入山西到太原和蒲州，过黄河到陕西西安，再到甘肃兰州和嘉峪关，三年后又展线到新疆。至此，以天津为发起点的电报线已通达22个行省和朝鲜，一些边境省份像广东、广西、云南、吉林、黑龙江等，还分别接通了国际电报。从此，天津与全国、全世界的距离大大缩短了，联系大大加强了，城市地位得到很大提高。

天津还是近代中国邮政事业的策源地。天津近代邮政业的出现可以上溯到第二次鸦片战争之后。当时，根据中英《天津条约》规定，各国驻北京的使馆可以在中国自设邮差往来于天津、北京之间，一切邮件均由停泊天津港的外国商船带走；每到冬季天津港口封冻，改由骑马的邮差送到镇江寄发。不久，各国使馆便感到自设邮差很不方便，于是一切邮件改由总理各国事务衙门代收代寄，1866年（同治五年）总理衙门委托海关总税务司英国人赫德设立海关邮政部，代管北京、天津和上海之间的邮件运送。北京、天津间还制订了封发邮件时刻表和邮资标准。海关邮政部有一点对天津特别"关照"，这就是天津租界里的外国人也可以利用这条邮路把邮件发往上海，再转寄回本国。于是北京、天津、镇江和上海的海关分别设立了邮政办事处，北京、天津间首先开办了骑差邮路，这也可以说是天津近代邮政的萌芽。

1878年（光绪四年）总理衙门指派天津海关税务司德璀琳在天津、北京、上海、烟台、牛庄等5处分别成立海关书信馆，试办海关邮政，总办事处就设在天津英租界。3月23日总办事处发布公告，天津海关书信馆首先对华洋公众开放，收寄一切信件，这一天也就是中国近代邮政创办的日期。7月，天津海关又发行了中国第一套以黄色蟠龙为图案、印有"大清邮局"字样的邮票，面值分别为1分银、3分银和5分银。第二年，赫德委托德璀琳管理海关邮政部，海关在天津建立了"海关拨驷达"（英语 POST 即邮政的译音）局。中国近代邮政业从此在天津诞生。

当时以天津为邮政总汇的邮路有以下几条：天津、北京间的海关骑差邮路，每天往返各一次。天津至牛庄、天津至烟台和天津至上海都是海上邮路。在海河枯水季节，使用天津至大沽的旱班邮路作为补充。冬季渤海湾封冻，一律改为旱班。只有天津至上海的邮路，在清江浦到镇江一段是用小快船。后来发现秦皇岛是不冻港，于是冬季发往上海的邮件即由秦皇岛发出。

1896 年（光绪二十二年）清王朝正式开办国家邮政，海关邮政部改为大清邮局。第二年，天津海关拨驷达局改为大清邮政津局。从此，天津作为全国邮政枢纽的地位才发生变化。

6 拱卫首都的军事基地

第二次鸦片战争中，西方侵略者三次进攻大沽，两次占领天津，一度攻陷北京。所以在战争结束之后，清王朝竭力增强天津的国防力量建设。

清王朝在天津推行军事的近代化，最初仅仅限于"洋将练兵"。根据《北京条约》，英法侵略军在 1861 年（咸丰十一年）开始撤出天津。当时山东一带的农民起义军——捻军早已逼近直隶（今河北省），而且盛传太平军已购买了新式军舰，打算从宁波沿海路北上攻取天津。各国商人唯恐天津防务空虚，要求自行招募精壮，组织武装。清王朝害怕天津地方的兵权因此落入外国人手中,于是根据三口通商大臣崇厚的建议,由北京派兵到天津,聘用外国军官进行训练,这就是所谓的"洋将练兵"。当时招聘的洋将是英国军官斯得韦力,武器是俄国送给清王朝的带刺刀的来复枪。在天津训练 3 个月后转赴大沽口训练,这些清军叫做"洋枪队"。从此每两年训练一批,人数不断增加。其他各通商口岸也效仿天津的办法,后来这批军队统一改称为"练军"。

天津教案发生之后,李鸿章出任直隶总督兼北洋大臣,他一方面扩充天津机器局,一方面大力加强天津防务,调淮军的精锐来天津驻防,重新修筑了大沽炮台,并购买德国克虏伯新式大炮,分别安置在南北炮台。1875 年(光绪元年)李鸿章联络南洋大臣沈葆桢,要求清王朝每年筹拨经费 400 万两白银,作为建立南、北洋海军的经费,得到批准。不久即改为全部交给李鸿章,以便集中财力建立一支大规模的北洋海军。

最初因为经费有限,李鸿章只能从英国订造一批守口用的蚊子船。最早的四艘蚊子船开到天津后,分别驻守大沽口、北塘两个海口。后来又从英国订购了四艘新式蚊子船,原先的四艘遂调往南洋。以后又经李鸿章奏准,凡是沿海各省从国外购买守口蚊子船,必须由李鸿章代为订购,驶到天津验收后,再分驻各口。

当时英国和德国是世界上军火生产大国,李鸿章代表清王朝购买新式军舰和武器,建立北洋舰队的消息传出之后,立刻引起了各国军火商,特别是英国和德国军火商的激烈竞争。英国军火商让担任中国海关总税务司赫德出面，为阿摩士庄厂兜揽了一笔制造快船的买卖，同时又给李鸿章送去了英国最新式加大碰快船的图纸和模型。德国军火商则把驻华公使巴兰德抬出来表示愿意"尽心帮助"清王朝建立新式海军，还准备把停泊在香港的德国军舰调到大沽口，请李鸿章观看演习。而克虏伯兵工厂则派出了全权代表，直接与李鸿章谈判订购大炮的买卖；伏尔铿厂后发制人，竟然揽到订造"定远"、"镇远"两艘铁甲舰的生意。一时间直隶总督衙门成了军火交易中心，当时美国驻华使馆代办何天爵在一本书里说，有许多军火商和他们的代理人常年川流不息地从世界各地奔向天津的总督衙门，"有出卖枪炮的人，有出卖水雷的人，有出卖船只的人，有出卖来复枪的人，有出卖回转手枪、军需品、剑、马兵装备、步兵装备、炮兵装备、药品、外科器具、膏药、裹伤纱布、绷带、病院设备、帐幕、旗子、火药与炸药的人"，甚至"有带着担保每分钟杀敌一百而对'发明者'自己没有危险的专利计划的人"，他们中的"每一个人都说自己的枪是最好的。每一个人都说他的船可保证比世界任何船只跑得快，能冲撞并打胜浮在水面上的任何船只。它不需水手，也不需要陆兵去驾驶管理。它是自动的，能使中国的敌人自动地死亡"。这些利欲熏心的军火商和骗子，利用清朝官吏对于近代军事技术和武器的无知，通过大量的贿赂和高额的佣金，向清王朝售出一批又一批的废旧军事物资和伪劣的武器弹药，给清王朝的国防安全造成了无法弥补的重大损失。

经过十几年的建设，到了 1888 年（光绪十四年）北洋舰队正式建成，其中有精锐战舰 7 艘，即"定远"、"镇远"两艘主力舰，"济远"、"致远"、"靖远"、"经远"、"来远" 5 艘巡洋舰；另有辅助舰艇和蚊子船、鱼雷艇、运输船、练船 20 多艘，北洋舰队是当时世界上力量最强的舰队之一。

北洋海军虽然把停泊舰艇的军港设在旅顺和威海，但营务处（也就是总后勤部）却设在天津法租界紫竹林，由李鸿章的幕僚、中国早期留法学生马建忠总负责。营务处房屋高大，建筑华美，庭院宏深，设备齐全，里面还设有专门接待外国海军将领的洋楼两幢，名叫"迎宾楼"，楼内设施华丽整洁，一切器具都是从国外购买的精品。

天津是清王朝的海防重地，北洋海军经常要到大沽附近海面巡防。为了供应兵舰所需的燃料和及时检修船械，李鸿章又指示马建忠等人，在大沽海神庙旧址兴建了北洋水师大沽船坞，坞内设有码头、大木厂、轮机厂，以及熟铁、熟铜、铸铁、模样、锅炉、枪炮检查等厂，和用作舰艇检修、避冻的船坞多座。大沽船坞由李鸿章的翻译、早期留法生罗丰禄总负责。

此外，为管理北洋海军全体官兵的薪俸和军饷，以及舰队、厂坞所需的经费收支、报销，专门成立了天津海防支应局。为了储存、收发北洋海军及淮军所需的枪支、弹药，建有天津军械局。

在北洋海军筹建过程中，虽然陆续从国外购买了不少新式舰艇，但是驾驶和管轮人才很缺乏，不得不从近代中国建立最早的海军学校——福建船政学堂借调。不过由于南北气候和水土的不同，不少南方籍的学员到北洋舰队后不能适应。于是李鸿章在 1880 年（光绪六年）向清廷申请建立天津水师学堂，很快得到批准。第二年学堂落成并开始招收学生，校址就选在天津机器东局。最初只设驾驶专业，到了 1882 年（光绪八年），又添设了管轮专业，并聘用留学英国学习海军的高才生严复为总教习（教务长），留学美国的王凤喈等人为教师。水师学堂学制 3 年，所设的课程有国语、代数、平弧三角、英语、算学、物理、化学、天文学、地理学、测量学、制图、射击、驾驶、操纵、帆桅等等，校内还建有一座观象台，作为学习天文学的观测场所。各门课程的繁难程度，都比福州船政学堂有所提高。后经英、俄等国海军军官来校考核，认为天津水师学堂的教学水平已经达到了欧洲海军学院的标准。天津水师学堂的规模很大，校舍有 100 多间，"宽宏齐整"，校园环境也很美，"楼台掩映、花木参差"，学习和休息娱乐的场所无一不备，在培养近代海军人才方面，起了"开北方风气之先，立中国兵船之本"的作用。这样一座大规模的海军学堂，1900 年（光绪二十六年）被八国联军彻底破坏，现在连遗址也找不到了。

为了培养新式陆军人才，使陆军官兵掌握近代军事技术，李鸿章决定聘用外国军官，创办武备学堂。因为当时德国的陆军在世界上领先，所以武备学堂的教员大都是德国人。武备学堂成立于 1885 年（光绪十一年），最初为进修性质，也就是从淮军中选派军官，经过考试，取其中精悍灵敏者入堂学习，文职官员愿意改习武事的，也可以录取。每批学员为 100 多人，学制为 1 年，头批学员回营后再选第二批学员。

陆军武备学堂课程原来只学各种新式后膛枪炮、土木营垒和行军布阵方法，每隔三五天到军营中演试，两个月考试一次。后来武备学堂迁到河东唐家口柳墅行营旧址，添造房室，购置了"西洋兵事书籍、图画、测量仪器"，课程安排也走向正规，有天文学、地理学、物理学、算学、化学、测绘学，以及"台炮营垒新法、行军接仗、设伏防守机宜"，同时每天操练马、步、炮兵各项军事技术，坚持月试季考。天津武备学堂是中国最早建立的一所培养近代陆军人才的军事院校。

根据《北洋海军章程》，李鸿章还于 1893 年（光绪十九年）建立了天津储药施医总医院，专为北洋海军官兵来津就医取药，并为各舰艇培养医官，因此也叫北洋医学堂。这所医院的前身是伦敦会传教士马根济于 1881 年（光绪七年）创办的总督医院及附设的医学馆。1888 年（光绪十四年）马根济去世后，李鸿章决定在总督医院的基础上筹建天津储药施医总医院，由医学馆第一期优秀毕业生林联辉任院长，天津海关税务司医官欧士敦负责教学事宜。院内有施医院、储药处和西医学堂三个部门，房间近 300 间，课程主要有外语、基础医学、战地外科等。北洋医学堂曾为我国培养出许多著名的西医，也是我国创办最早的培养西医专门人才的医学院校。

三　不屈不挠的反侵略斗争

　壮烈的大沽口保卫战

　　英法侵略军在第二次鸦片战争中，三次进犯大沽口，两次占领天津城，肆意敲诈勒索、蹂躏百姓，任意行凶抢劫、杀害无辜，给天津人民带来了深重的灾难。1858 年（咸丰八年），英法联军第一次进犯大沽口的时候，正好有运粮北来的漕船进口，回空的漕船和大批商船出口。英法侵略军见有机可乘，于是抢劫了大量的漕米作为军粮，还勒令每船交出足够的银子才准驶出大沽口。侵略军到了天津城厢，首先把河北金家窑村 300 多户居一概驱赶出去，衣物家具全部劫留作为军营之用。不久，又连续三个夜晚抢劫北门外锅店街等地商店、铺户。英法侵略军在撤退前，还把望海楼行宫及古刹水月庵等处的古玩、陈设运回本国。法国侵略军在天津东乡白塘口强抢赵姓老汉的耕牛，老人不依，竟被侵略军枪杀，老人的两个儿子前来论理，刺伤了一名法国士兵，结果兄弟二人同时被吊死在法国军舰的桅杆上，二人之妻闻讯后痛不欲生，双双自尽。

对于侵略军的种种暴行，天津地方官吏根本不敢过问，但是英雄的天津人民和清军爱国将士却同侵略者进了不屈不挠的顽强斗争。

1858年英法联军攻打大沽炮台的时候，清朝官员不战而逃，而守台的官兵出于爱国激情、同仇敌忾、奋起迎战、坚守阵地、宁死不屈，一名炮手牺牲了，另一名炮手自动顶替上去。英法侵略军用猛烈的炮火把北炮台的台顶掀去，但守台士兵毫不畏惧，纷纷从台上跳下来，同敌人展开肉搏。另外一座炮台被侵略军占领以后，很快就被中国士兵舍身炸毁，炮台守将沙春元在敌炮轰击炮台时坚守不撤，被流弹碎片击中腹部，腹破肠出。另一名守将陈毅在负伤后坚持血战，两人先后壮烈牺牲。爱国官兵们浴血奋战和英勇无畏的精神，以及精良的炮术枪法，使侵略军大为震惊。中国官兵在大沽口进行了英勇的保卫战，有些军官宁肯"就地自刎而不愿苟生"。

英法侵略军占据金家窑村以后，无恶不作，群众恨之入骨，当地居民一致表示："愿与敌人械斗血战，夺回村落，以泄众恨"。当地一位老人，满怀对侵略者的仇恨，在大风呼啸的一个夜晚，放火烧了自己的住房，打算借风力引烧英法侵略军的营盘。

一次，两名英国侵略军牵着猎狗爬上天津城的西北角，窥探城内情形，当地群众发现后立即用砖头石块把他们打跑了。不久这两名侵略军引来20多名印度兵在城外的板桥市闹事，伺机报复，接着又来了200

多名侵略军，把东门城锁砸开，穿过十字街直奔西门而来。这时候，附近群众立刻行动起来，人人手持器械准备拼命。侵略军见状非常害怕，只好求饶说："我们进城只不过是为了寻找那只狗，没有别的意思，千万不要动武。"同一天，另一伙侵略军到天津城外的西沽抢掠，也被义愤的群众赶跑。从此以后天津的群众相互约定，遇到侵略军四出抢劫，可以随地砍打；遇到侵略军聚众闹事，立即"鸣锣相应，群起攻之"。在天津群众的严厉反击之下，英法侵略军白天不敢为非作歹，就在夜里进行抢劫。一天晚上，十几个侵略军来到城厢锅店街抢劫商店的衣物、首饰，当地群众马上赶来，登上屋顶，用砖头瓦片打得这伙强盗头破血流、狼狈逃走。后来，又有一群沙俄水兵窜到西北城角外的南阁一带进行骚扰，当地回、汉居民800多人闻讯手执刀枪器械、严阵以待，吓得这伙沙俄水兵面面相觑，然后抱头鼠窜。

1859年（咸丰九年），英法侵略军背信弃义第二次进攻大沽口，清军早有准备，旗开得胜。大沽一带群众欢欣鼓舞，争相送上饼面食物犒劳守台将士。即使在战火纷飞的时候，许多群众也不顾生命危险，仍然络绎不绝地为守台将士送食物送饮水。遇到紧急情况，群众还自动担当起递送军事情报的工作。在战斗中，直隶提督史荣椿守南岸中炮台，身先士卒，亲自发炮攻打敌舰，后来被敌军炮弹炸成重伤，史荣椿生命垂危，但仍旧指挥部下奋勇抵抗，最后大呼"杀贼"而死。大沽协副将龙汝元守北岸前炮台，奋勇当先，坚持亲自发炮、经久不下火线，不幸被敌人炮弹击中，当即阵亡，他们英勇的抗敌事迹可歌可泣。为了表彰史荣椿、龙汝元为国捐躯的英雄业绩，清王朝在塘沽于家堡修建了"双忠祠"，供人凭吊。

1860 年（咸丰十年）英法侵略军集中兵力和火力，第三次进攻大沽口。在侵略军猛烈炮火之下，守卫大沽口的清军爱国将士毫不屈服，亲眼见到清军将士浴血奋战的一名外国人说：他们用"难以描述的勇敢精神寸土必争地进行防御"。

英法侵略军占领天津城之后，有沧州回民 500 人，自愿偷袭侵略军的军舰，"抢夺火器、杀尽夷人"，但遭到地方官吏的阻止。另外，有两名清军下级军官，一个叫王兴邦，一个叫隋登第，要求把分散的清军组织起来，继续和侵略者进行战斗，并且拟定出焚烧停泊在海河里的侵略军舰只的计划，也遭到当时负责维持地方治安的大盐商张锦文的反对。后来王兴邦单独行动，在杨村亲手杀死了两名英国侵略军。从这些事件中我们可以鲜明地看到，在反抗外来侵略的斗争中，人民群众和清朝统治者走的是两条完全不同的道路。

 震惊中外的天津教案

西方国家来中国传教本来是不合法的，可是在 1858 年（咸丰八年）签订的《天津条约》中，英法侵略者却为西方宗教取得了在中国传教的自由。然而外国传教士对此并不满足，当 1860 年中法《北京条约》签订的时候，担任翻译的法国传教士艾美，竟在中文本第六款上擅自加上了"任法国传教士在各省租买田地，建造自便"的内容，昏庸的清朝官吏并没有察觉，便在条约上签了字。等到事后发现条约的法文本并没有这些内容时，为时已晚，结果为外国传教士非法在中国侵占土地、修建教堂提供了条约依据。

法国天主教传教士正式来到天津是 1861 年（咸丰十一年）的事。这些人来到天津之后，通过法国驻天津领事德微利亚与三口通商大臣崇厚交涉，以每亩 1 千文的租金，先后取得了坐落在三岔河口北岸的崇禧观和望海楼一带 15 亩地的永租权，准备修建教堂。当时的三岔河口本是九河下梢的水旱码头，不仅地面繁荣，而且紧靠天津城的东关和三口通商大臣衙门。由于地势重要，清朝军队还在这里设有炮台。

外国传教士来到天津以后，一般群众都把他们看成是歪门邪道，不敢接近。法国天主教会乃想方设法，在繁华的天津城东关的海河右岸，与望海楼隔河相望的小洋货街，修建了收养孤儿的"仁慈堂"，以及医院和施诊所，企图用小恩小惠收买人心，以便扩大传教范围。

然而最终引起天津人民愤怒的还是传教士凭借不平等条约到处横行不法。当时主持天津教务的神甫谢福音就是一名披着宗教外衣的侵略分子。第二次鸦片战争刚一结束，谢福音便搭乘一艘外国军舰来到上海，并参与了镇压太平天国革命的活动。不久他又到了北京，乘机向清王朝勒索教产。后来谢福音又去直隶传教，他无视中国主权，经常插手干预群众与教堂之间的种种纠纷。谢福音来到天津之后，立即与法国驻天津领事丰大业勾结起来，强迫三口通商大臣崇厚为教会筹建仁慈堂捐钱。当时群众不愿意把孩子送到教会的仁慈堂，谢福音又鼓动修女购买婴儿收养，名义上是"奖励"送婴儿去仁慈堂的人。为了扩大教会势力，谢福音还不择手段，给许多平时鱼肉乡里、作奸犯科的地痞流氓受洗入教。直隶盐山县天主教徒因为欺压良民百姓，被群众殴打送官。谢福音得知后，立刻强迫崇厚向盐山县发出一道公文，规定："所有教民，不分中外皆可自由传教；殴打教民者，一律严惩"。紧接着谢福音又亲自到盐山四处张贴这道公文，还强迫当地群众向他磕头认罪。

1869 年（同治八年）5 月，谢福音不顾当地群众的反对，拆掉了平时香火很盛的香林院，然后为修建望海楼教堂举行了盛大的奠基典礼，把各国驻天津领事、天津各衙门的官员和天主教北京教区的主教都请来参加，以壮声威。教堂于当年 12 月竣工。谢福音得意忘形地宣称，要是没有圣母的仁慈，我们就不能得到战争的胜利，要是没有战争的胜利，也就无法建造这座为大法国效力的教堂，所以建造这座教堂是圣母仁慈和战争胜利的结果。于是他让工匠在教堂钟楼正面，用大理石刻上"圣母得胜堂"的法文金字。不久法国人又违反租约中"只限建造教堂"的规定，拆掉望海楼行宫，盖起了法国领事馆。这就为教堂与法国领事相互勾结、横行不法提供了方便条件。

教堂建成以后，谢福音借口"传道讲经的地方必须肃静"，强迫崇厚和地方官下达命令拆除附近民房，赶走周围的摊贩，使许多居民流离失所、无家可归。法国传教士的种种不法行为，激起了天津人民的极大愤慨。

1870 年（同治九年）6 月，仁慈堂里发生了传染病，有几十名儿童染病死亡，被传教士雇人草草埋葬在河东盐坨附近的义地，有的两三具尸体放在一口棺材里，有的在掩埋时离地面很浅，结果被野狗扒出，吃去脏腑，惨不忍睹。群众见到这种情形非常愤怒，再加上当时风传教堂用迷魂药拐骗儿童，于是纷纷要求官府查办教堂。就在这个时候，天津官府先后查获了数名迷拐幼童的犯人，其中一人就是天主教徒；审讯的结果很快传遍全城，不少群众开始围哄教堂、袭击走在街上的传教士。士绅在孔庙集会、书院的学生开始罢课，反洋教的传单也出现在街头巷尾。

迫于群众的压力，崇厚等人不得不亲自出面和法国领事丰大业交涉，但丰大业矢口否认教堂的罪行。6 月 21 日，当天津知县刘杰将迷拐犯押往教堂对质时，广大群众得知消息，立刻从四面八方涌向教堂。到中午时已经聚集到 1 万多人。传教士见状，公然放出恶犬，并指使教民手持棍棒驱赶聚集在教堂周围的群众。群众被迫起来自卫，将教堂的门窗砸毁。为此，法国领事丰大业竟带着枪支、利刃，伙同秘书西蒙，直奔三口通商大臣衙门去找崇厚。丰大业见到崇厚一语未发，就连开两枪，但没击中，于是顺手将屋内的陈设砸毁，然后扬长而去。

就在丰大业返回领事馆的途中，遇到了知县刘杰，丰大业竟向刘杰开枪，击中刘杰的家人高升。周围群众见外国侵略分子竟在光天化日之下肆意开枪杀人，奋起将丰大业和西蒙打死。接着拥向教堂，打死了恶贯满盈的谢福音，放火烧了教堂和法国领事馆。这场反洋教斗争总共持续了 3 个多小时。事后，各国军舰也陆续开到天津，联合起来向中国挑衅，法国军舰还开炮轰击大沽口的沿海村落。

清王朝非常害怕事态扩大，事件发生后，立即命令直隶总督曾国藩赶到天津，又派崇厚出使法国"赔礼道歉"，同时让总理衙门转告法国驻华公使不要把军舰开到天津，条件是处死带头进行反抗的群众，惩办地方官吏，赔偿损失，重修教堂。曾国藩来到天津，忠实执行这些条件，一味地委曲求全，群众对他十分不满。曾国藩贴出的讨好外国人的告示，一到夜间，便被人撕毁，有人还在曾国藩的告示上面挂一缕白麻，表示曾国藩是为死去洋人披麻的孝子贤孙。就在曾国藩逮捕无辜群众的恐怖中，有人把杀洋人、烧教堂绘图制版，印成宣传画或扇面到处叫卖，尤其是画有烧教堂的扇子，很快就卖出几万把。曾国藩的倒行逆施，引起了住在北京的湖南人的一致愤慨，宣布把他从湖南同乡会中除名，同时还烧毁了曾国藩亲手书写的"湖南会馆"匾额。

天津人民的不屈斗争，使曾国藩在处理天津教案时十分困难，于是清王朝又改调李鸿章任直隶总督。李鸿章到达天津不久，便在西关刑场杀死了马宏亮等16名爱国志士，将天津知府、知县发往边远地区充军，同时根据法国公使提出的数额赔银46万两。天津人民的反洋教斗争虽然遭到血腥镇压，但群众心中蕴藏着的反抗精神是无法消灭的。16名爱国志士被杀以后，天津群众募集款项，准备为他们举行公葬和建祠立碑，后来因为外国侵略者的出面干涉而被官府制止。福建和广东的旅津商民，为了纪念这16名志士，在第二年阴历七月十五公请扎彩匠模仿16人的肖像，扎成纸人，安放在梁家园闽粤山庄的盂兰会会场上，由和尚诵经超度英魂。此后，每到志士们牺牲的日子，一些群众都要组织游行，队伍中有16人扮成志士生前模样，中途必经望海楼教堂、金华桥，一直到西关刑场。这种悼念仪式，一直持续到1937年七七事变之前。

 ## 维新思潮的传播

中日甲午战争的失败，是继鸦片战争之后近代中国历史上又一个转折点。这时，随着资产阶级维新思想的传播，中华民族开始了新的觉醒过程。在天津，严复和他的《天演论》，作为一种挽救民族危机和振奋民族精神的维新思潮代表，对当时的中国社会起了强烈的震撼作用。

严复（1853～1921）也叫严几道，福建侯官（今福州）人。自幼家境贫寒，14岁时死了父亲，不得已进入福州船政学堂学习驾驶，成绩优异，毕业后分派至舰队实习，25岁时又派往英国学习海军。严复在英国的时候，正值西方资本主义发展全盛时期，这位长期在封闭状态下生活的青年顿觉眼界大开，对于所见到的资本主义文明非常钦佩。严复经过反复思考和比较，他认为中国所以贫弱，英国所以富强，是因为社会制度的不同。从此，他学习海军的兴趣越来越淡薄，开始大量阅读西方著名学者如英国生物学家达尔文、经济学家亚当·斯密、法国思想家卢梭和孟德斯鸠的著作，力图从中找出富强中国的办法。尤其是达尔文的进化论，当时风靡欧美，《物种起源》一书，被西方学者争相传诵，对严复的影响也最大。严复在英国虽然只有两年的时间，但头脑大为开阔，思想也焕然一新。

严复回国后，先在福州船政学堂任教，1880年（光绪六年）被推荐到天津水师学堂任总教习。中国军队在甲午战争中的失败给了严复很大的刺激，激发了他的维新变法思想。就在日本军队攻陷威海，清王朝议和代表到日本广岛不久，严复在天津的《直报》上发表了《论世变之亟》，高呼中国已经到了危机的关头，必须采用西方国家的治国方法，中国才可以安定、富强。接着，北洋海军中的一小撮败类逼死提督（司令）丁汝昌，率舰队投降日本，严复得知消息后又发表了《原强》一文，指出日本"覆我海军"是中国的深耻大辱，是中国"积弱不振之势"造成的，因此一定要学习西方国家比我们优越的东西。就在这个时候，日本军队攻占了辽东半岛，天津和北京危在旦夕，严复按捺不住自己的感情，又发表了《辟韩》一文，猛烈抨击君主专制制度。1895 年（光绪二十一年）4 月，清王朝与日本签订了丧权辱国的《马关条约》，严复这时开始认识到中国再不变法，前途便没有希望了，于是他又写了《救亡决论》，极力鼓吹变法维新，救亡图存，从此严复走上了维新变法的道路。

就在严复发表一系列激烈的文章的同时，他又开始在天津翻译达尔文的好朋友、英国生物学家赫胥黎的《天演论》。《天演论》的原名为《进化与伦理》，原本是一部用进化论来解释人类社会发展的演讲集，1894 年出版。严复得到这本书后，觉得赫胥黎把"物竞天择、适者生存"的生物界规律应用到人类社会发展，有助于向处于危难之中的中国人敲响救亡图存的警钟。他紧紧抓住这个观点，对赫胥黎演讲的翻译，只是截取其中符合自己需要的部分，然后加上大段按语，发表自己的见解。严复认为，在世界上，国家与国家之间，民族与民族之间也存着竞争的局面，谁最强盛，谁就是优胜者，就可以生存下去；不然就要灭亡。被侵略的中国已处于劣者的地位，面临着亡国灭种的危险。如果不想做亡国奴，就要改革腐败的现状，力争自己的生存，这样才不会被世界淘汰。

严复仅用了几个月的时间便把《天演论》翻译完毕，有人迫不及待地将他的译稿私自刊印。后来，严复和他的朋友在天津创办日刊《国闻报》和十日刊《国闻汇编》。从 1897 年（光绪二十三年）12 月起，《天演论》在《国闻汇编》上连续发表，第二年又正式刊印。当时维新变法正在全国大张旗鼓地进行，《天演论》发表之后，人们争相传阅，尤其是维新派人物，都对这部书赞叹不已。梁启超是最先读到《天演论》译稿的人之一，《天演论》还没出版他就到处宣传，而且介绍给他的老师康有为。康有为读了以后，认为中国真正懂得西学的，严复当数第一。从此以后严复的名声大振，他先帮助梁启超在上海创办《时务报》，又帮助张元济（商务印书馆的创始人）在北京创办倡导西学、培养维新人才的通艺学堂。百日维新期间，光绪皇帝还亲自召见了严复，在召见过程中，严复建议光绪皇帝到世界各国进行考察。天津的《国闻报》和上海的《时务报》也成为当时宣传维新变法的南北两大舆论阵地。

除了《天演论》之外，严复还在天津翻译了许多西方社会流行的哲学、政治学和法学的著作。自从鸦片战争以来，严复是第一个把西方资产阶级学说作为一套完整的理论介绍到中国来的人，而《天演论》又是近代中国第一部能代表当时西方文化而又有学术价值的译著。严复最先以进化论为武器，向封建主义的顽固思想进行尖锐的斗争，使他成为近代中国著名的启蒙思想家。严复到了晚年，虽然思想渐渐趋于消极和保守，但是，严复一生中最有作为的黄金时代是在天津度过的。在这期间，他用自己熠熠闪光的思想，为中国人民点亮了一条向西方寻求真理的道路，为近代天津增添了霞光般的异彩，永远值得我们纪念。

站在反帝斗争最前线的天津义和团

戊戌维新的失败，使民族危机进一步加深，而那些在帝国主义侵略中为虎作伥的不法传教士这时又乘机卷土重来。1898 年（光绪二十四年）6 月 21 日，也就是天津教案发生 28 年的日子，望海楼教堂准备举行开堂仪式，当时一些人准备聚众反抗，但因官府的镇压而没成功。然而在天津群众中蕴藏的反洋教意识，却在一天天增长，所以当义和团这样一个群众性的反侵略组织传入天津之后，立刻得到了迅猛发展。

天津的义和团大约出现在 1899 年（光绪二十五年）春。当时，山东和直隶一带的义和团首先沿运河传到了城郊一带。不久，一个名叫海乾（意思是"洋人就怕海水乾"）的和尚又把义和团传到城厢，从此义和团便在天津迅速发展。群众自发组织的"拳厂"、"团场"，就像雨后春笋一样遍地都是，义和团的活动中心"坛口"也纷纷出现。到了 1900 年（光绪二十六年）附近地区的义和团陆续进入天津，如安次县乾字团首领杨寿臣在三义庙设立总坛，影响很大，各处团民公推三义庙坛口为聚众议事的地方。静海、盐山一带的义和团在首领曹福田率领下，在吕祖堂设立坛口。静海县独流镇"天下第一团"的义和团首领张德成，这时也在天津小宜门设立总坛口。到 6 月的时候，天津的义和团已经有四五万人，建立的坛口有 300 多个，

57

天津的义和团大都用红布包头，红布缠腰，红布裹腿；手执短刀，几十人为一队，见到各级地方官吏，都叱令他们下轿脱帽，群众见了十分开心，因此绝大多数人都很拥护义和团。

义和团在天津的迅速发展，使帝国主义惊恐万分，他们纷纷把军舰开到大沽口外，派兵登陆，向天津进发。到1900年6月，进入天津租界的各国军队共有3000多人。

由于天津的义和团声势浩大，很快就控制了全城，并且与外国侵略者和地方官吏展开了针锋相对的斗争。首先，义和团一举焚烧了天津租界以外的全部教堂，其中包括重新建成不久的望海楼教堂。与此同时，义和团还砸毁了天津府、天津县和天津海关道衙门，天津城的东西南北四门也都改由团民把守，连直隶总督行馆也被义和团包围。义和团还强迫直隶总督裕禄打开武器库，运出大批洋枪和弹药，武装团民，各衙门的马匹也都被团民牵走，义和团的战斗力因此大大增强。在天津义和团影响下，塘沽和汉沽的义和团也把当地的教堂烧毁，静海县城完全被义和团占领。裕禄看到义和团声势越来越大，不得不实行"招抚"政策，承认义和团的合法地位，准许义和团"随同打仗"。

义和团在天津和北京的反侵略行动，使帝国主义非常害怕，于是各国驻北京公使举行会议，要求把驻在天津租界的各国军队调到北京。这样，一支由英国驻大沽口的舰队司令西摩尔率领的，由英、德、俄、法、美、日、意、奥八国军队组成2000多人的联军，便由天津租界开拔，增援北京使馆。1900年6月10

日，西摩尔率领八国联军先后分乘两列火车由天津出发。义和团得知这一消息，立即组织铁路沿线的团民将铁路分段拆毁，迫使西摩尔率领的第一批联军随时下车修路，火车走了整整一天，才到达落垡，又走了一天多，勉强开到津京之间的廊房。就在西摩尔督率联军抢修廊房以北的铁路时，突然遭到义和团的袭击，并把西摩尔率领的联军包围在廊坊车站。6月14日，西摩尔命令联军突围北上，被义和团打了回去。派回天津搬运给养的联军火车，也在杨村遭到义和团的狙击。当时，火车由天津开到北京只要四五个小时，可是直到6月17日，西摩尔还被包围在廊坊。第二天，义和团又联合了附近的清军向联军发起进攻，取得胜利。这时，西摩尔只好率领残兵退回杨村，但又被杨村的义和团层层包围，而且给养完全断绝，与天津租界也失去了联系。西摩尔不得不召集各国军队头头商量对策，会上人人垂头丧气，一致认为"进京之路，水陆俱穷"，"惟回津之计可行"。6月20日，联军抢了几条木船装运伤员，其余的人沿运河堤岸，在黑夜偷偷撤军。义和团闻讯又在汊沟、赵庄子、北仓一带设下埋伏，使西摩尔的联军每走一步都感到心惊肉跳。直到6月26日，联军才在沙俄军队的接应下狼狈逃回租界。后来西摩尔在回忆这件事的时候，仍然胆战心惊地说："如果义和团所用武器是近代枪炮的话，那么我所率领的联军必会全军覆灭。"

就在西摩尔率联军向北京进犯的时候，屯泊于大

三　不屈不挠的反侵略斗争

59

沽口外的各国军舰也做好了攻打大沽口炮台的准备。6月15日，各国的小股军队陆续登陆，将塘沽火车站占领，然后把军舰驶入大沽口，并命令大沽炮台守将罗荣光交出炮台，遭到拒绝。6月21日凌晨，侵略军向炮台发起进攻，经过6个多小时的激烈战斗，炮台守军虽然重创了侵略军的军舰，但因药库爆炸，无法进行还击，南北炮台先后失陷，罗荣光逃回天津，以兵败自杀。

侵略军占领炮台后兽性大发，把大沽附近逃难的百姓抓住，排成长串用炮轰击，血肉横飞，惨不忍睹。侵略军进入塘沽以后，又放火烧了三天三夜，新河镇也被侵略军烧掠一空。

侵略军在大沽一带烧杀抢掠之后，分乘十几列火车开往天津，沿途不断遭到义和团的袭击。天津义和团为阻止侵略军从车站进入租界，早已经把老龙头火车站（今天的天津站）包围。驻扎在三岔河口黑炮台的天津水师营，也从远处向老龙头火车站发炮轰击。侵略军在付出巨大代价之后，才由火车站突围出来，进入租界。

老龙头火车站在当时是由租界通往塘沽海口和北京的咽喉要路，有沙俄军队驻守。义和团为了切断侵略军与租界的联系，并阻止侵略军由塘沽增援进犯北京，将车站包围，并与清军合力攻打。在激战中沙俄军队死伤500多人，狡猾的俄军一面挂白旗假装乞和，一面暗中派人跑回租界搬兵求援。但租界里派来的增援军队因受到义和团的截击，无法接近车站，最后只得撤回租界。

义和团在攻打老龙头火车站的同时，还奋力围攻作为侵略军据点的紫竹林租界。义和团与清军拟定了一个三面进攻租界的计划，这就是曹福田从老龙头车站方向发起进攻，清军从租界背后发起进攻，张德成从租界西南的马家口一带发起进攻。在交战中，张德成用火牛阵扫清了租界的前沿阵地。清军用大炮向租界猛烈轰击，给了租界里的侵略军很大杀伤。在攻打紫竹林租界的战斗中，妇女组织红灯照和租界对岸的陆军武备学堂的学生也投入战斗。"红灯女儿，一入兵阵，视死如归，惟恐落后"。90多名陆军武备学堂的学生自动把大炮架在学校墙头，从对岸向租界开炮。这时，租界里的侵略军疯狂进行反扑。先是英法两国军队偷渡海河，包围了陆军武备学堂，但学生们隐蔽在校舍内用强大的火力向侵略军射击。侵略军竟凶残地放起火来，大火引燃了学堂里的弹药库，90多名学生全部壮烈牺牲。侵略军在攻破了陆军武备学堂之后，又向机器东局发起进攻。为了保卫这个重要的军事据点，清军在周围埋设了许多地雷。天津东乡一带的义和团也在这里集合了几千人，支援保卫东局的清军。由于清军和义和团的协同奋战，侵略军对东局久攻不下，于是他们改为从远处用大炮向东局猛烈轰击。最后因为炮弹落入局里的棉花药库，引起爆炸，侵略军才乘机冲了进去。坚守在东局的工人、清军及义和团团民被迫撤出。为了不使这里的武器落入敌人手中，清军在军械库内外埋上了地雷，侵略军进入军械库后，两名士兵拉响了地雷，与敌人同归于尽。守卫火药库的清军军官宗永德和邓瑨，担心余存的火药会资助敌人，于是命令卫兵撤退，然后引火将火药库炸毁，两人都壮烈牺牲。

就在这个时候，各侵略国援军1万多人，携带大批武器，陆续从大沽口登陆，开进租界。为了减缓义和团与清军炮火对租界的威胁，一部分侵略军从租界绕道天津南乡的纪家庄，直扑聂士成率领的清军。聂士成在天津城南八里台率官兵与侵略军英勇奋战，战斗中他先后换了4匹坐骑，全身7处中弹，后来"腹破肠出"；"一弹由口穿入，洞脑后而过；又一弹穿太阳穴，犹忍死力战。最后一弹伤胸膛，始倒地"。

侵略军在得手之后，又开始用强大的兵力攻打天津城，侵略军部署日军和英美军攻打天津南门，德军攻打天津东门，俄军从老龙头火车站攻打直隶总督行馆和三岔口的水师营炮台。当时由于清军的大批撤退，和东局已被破坏，坚守天津城的义和团与清军的兵力、武器都显得不足，天津城墙也因为多年失修，不少地方塌陷，只得临时召雇民工，用麻袋装土，将缺口的地方勉强堵住。为了阻挡侵略军靠近天津城，义和团在南门以外放进河水，使这里成为一片汪洋。侵略军几次攻城，都因为义和团和清军的英勇抵抗而损失惨重。7月13日，日本侵略军开始攻打天津南门，就在这个时候，天津城的布防情况被一个由北京外国使馆派到天津的教民郑殿芳侦察清楚，向侵略军告了密，使侵略军掌握了天津守城布防的虚实。7月14日清晨

5点多钟，一些日本人假扮成团民骗开天津南门，然后用炸药轰开南城墙曾经倒塌的一段，大股侵略军乘机蜂拥而入。杨寿臣、张德成等义和团首领率领团民和侵略军展开激烈的巷战，最后两人身负重伤，义和团被迫撤出天津。

天津城虽然失陷了，但是义和团站在反帝斗争最前线保卫天津的战斗，使侵略者损兵折将，在近代中国人民的反侵略斗争史上，留下了光辉的篇章。

四　劫难之余的艰辛历程

 都统衙门的残暴统治

联军攻陷天津城后，进行了令人发指的屠杀。当时天津城内居民听说南门被占，纷纷向北门逃去，侵略军见到这情形，竟在城中心十字街的鼓楼上架起机枪和大炮，对准逃难的居民射击。每放一排子弹，"必倒毙数十人。又连放开花大炮，其弹于人丛中冲出城门外，死者益众"。从城里的鼓楼到东门外水阁，"积尸数里，高数尺"。在西门一带也是"死尸山积"。海河里漂浮的尸体不计其数，有的地方竟然出现了漂尸断流的情况。

联军在枪杀和驱散了天津居民之后，下令准许官兵公开行抢3天。日本兵先从长芦盐运使衙门抢走200多万两白银，接着美国兵又来抢劫。他们把抢到的银子堆积起来，有30英尺高，30英尺宽。俄国兵占领了机器东局的造币厂，把厂里库存的几百吨白银一抢而光。至于街道两旁的商店、当铺、盐店也是侵略军的抢掠重点，全城"财产衣物，一时都尽"。有的侵略军为了寻找财物，还到四乡刨坟掘墓，以至"无棺不破"。在侵略军的洗劫之下，几百年间形成的天津繁华区，成为一片瓦砾。为了掩盖罪行，侵略军又放火烧城。当时一名英国驻华使馆的外交官，从大沽到北京做一次旅行，只见沿路被抢劫一空，而天津尤甚。他说，今日的天津好像一块肥肉，肉均刮尽，只剩下干枯的骨头了。

就在联军占领天津的第二天，各国指挥官召开会议，商讨成立临时政府的问题，经过反复讨价还价式的磋商，决定由俄国、英国和日本分别指定一名具有同等权利的人，共同主持临时政府的工作，这个临时政府通称都统衙门。为了表示各国对统治天津也具有同等权力，都统衙门又把租界以外的天津城厢划分成8个区，由8国分管，区内居民必须悬挂该国国旗。这时的天津已经完全沦为殖民地城市。

都统衙门为了清洗义和团，首先从各国侵略军中抽调出700多人组成巡捕队，同时招收了1000多名华人巡捕，对义和团大肆进行搜捕，义和团著名首领杨寿臣、红灯照首领林黑儿都被都统衙门杀害。对于创办天下第一团的静海县独流镇，都统衙门派兵前去连烧带杀，大火几天不息，独流镇和周围地区几乎被夷为平地。都统衙门认为天津城墙在义和团运动期间曾作为炮台攻打租界，因此强令拆除天津城墙。三岔河口的黑炮台、芦台、北塘和大沽的所有炮台，以及天津附近的清军营盘，也被同时拆除。

都统衙门还对天津人民实行横征暴敛。为了整修被侵略军破坏的城市街道，巡捕到处抓人，充当苦役。天津地方的一切税收全归都统衙门所有，同时增加了许多新的税种。仅捐税一项，都统衙门每月平均收入白银12.5万多两，而驻扎天津的联军日常给养，仍然另外由天津人民担负。

天津城虽然被联军占领了，但是英雄的义和团与天津人民并没有屈服，他们反抗联军的斗争，从来没有停止过，都统衙门好像坐在火药桶上一样日夜不安，因此他们最终不得不把交还天津的问题提到日程上。然而李鸿章这时已经病死，直隶总督改由袁世凯代理，1902年（光绪二十八年）清王朝正式任命袁世凯担任直隶总督兼北洋大臣，同时把省城迁到天津。因为天津还在都统衙门的统治之下，袁世凯只好把直隶总督衙门仍暂设保定。为了从都统衙门手中收回天津，袁世凯想了一套办法，他先声言，假如天津不能收回，便将直隶总督衙门移到沧州。当时，各帝国主义国家正想在天津找一个合适的代理人，他们得到这个消息，立即声明愿意"交还"天津。这样袁世凯得到口实，立即派人到都统衙门商讨"交还"条件。都统衙门借机会同各国公使提出交还办法29条，附则2条，袁世凯见目的达到，便全部应承。

袁世凯为什么这样看重天津呢？因为天津乃是袁世凯的发家之地。为了说清这个问题，还得从小站练兵说起。

小站在天津南乡咸水沽以南，李鸿章调任直隶总督后，他组建的淮军也调到天津一带驻防。其中，周盛传的盛字军屯扎在直隶青县的马厂，并负责修筑海河下游的新城炮台。周盛传为了方便马厂到新城的交通，组织盛字军在天津以南的洼地上垫出一条140里长的大道，沿路设立驿站，每40里设一大站，每10里设一小站，小站因此得名。后来盛字军调到小站一带进行屯兵垦荒，种植水稻，于是又在这里修筑了一处城堡，叫做新（兴）农镇。

在中日甲午战争中，盛字军在朝鲜溃不成军。1894年（光绪二十年）冬天，清王朝命令正在小站办理粮秣的胡燏芬收拾淮军残部，建成定武军十营，聘用德国人汉纳根为总教官。此后，胡燏芬主持修筑天津到卢沟桥的铁路，这十营人马便由袁世凯接管。袁世凯为人善观风色，甲午战争前，曾随吴长庆军驻扎朝鲜，因见局势不稳，乃设法回国。战后，清王朝深知旧式军队的不中用，决心改练新式陆军。袁世凯看出这是一个进身的机会，于是，广走门径，在1895年（光绪二十一年）时，由军机大臣联名推举他去小站训练新建陆军。

袁世凯到小站以后，先设新建陆军督练处，继续补充兵源，并且聘用了更多的德国教官。在军官的选拔上，他特别重用年轻的天津陆军武备学堂毕业生，如冯国璋、段祺瑞、王士珍、曹锟、卢永祥、段芝贵、李纯等人，分别委以各处的总办、统带，或各营的哨官（营长）。同时还命人参考西方军制，制订了新建陆军的营制、饷章、操典和营歌。为了提高新建陆军的素质，袁世凯在小站建立了步队、马队和炮队的随营学堂。从此，这支新建陆军便成了袁世凯一生谋权篡

67

位的主要基石。

1902 年（光绪二十八年）8 月 15 日袁世凯来到天津，与都统衙门举行了交接仪式，从此袁世凯统治天津的时代正式开始。

 名噪一时的北洋实业

对于经营天津，袁世凯不遗余力。为了维持治安，袁世凯采用都统衙门设立巡警的办法，先把两个营的军队改编为警察，不久袁世凯又从保定调来 1000 多名巡警，设立了警察总局，同时在天津设立北洋警务学堂，这些措施成为清王朝在各地推行警察制度的开始。

为了提高在天津的统治地位，袁世凯还着手城市建设，在天津开辟新的中国管辖区。当时，经过八国联军的洗劫，原来的直隶总督行馆已被破坏无遗，于是袁世凯只好把海河以北窑洼浮桥附近的行宫改为督署办公。这座行宫本来是戊戌变法时期为光绪皇帝与慈禧太后来天津阅兵而建立的。不久，又在行宫以北的地区进行规划建设，从而促进了这一地区的繁荣。

天津在都统衙门统治期间，由于推行无止境的掠夺政策，地方经济遭到非常大的破坏，市面冷落，现金奇缺，物价飞涨，商人和百姓都身受其害。袁世凯为整顿天津的金融秩序，开始铸造货币。首先，将原来设在保定的直隶省官银号迁到天津，发行银两和银元两种钞票，同时命令他的亲信周学熙筹办北洋银元局。周学熙接到这一任务后，立即选定厂址，拆用原来东局造币厂的残破机器，召集工匠日夜鼓铸，前后只用了 72 天就试铸成铜元。到年底，共铸成铜元 150 万枚，后来又加铸银元。结果，不但解决了天津市的钱币流通问题，而且每年可以获利七八十万两银子。清王朝看到天津铸造钱币效益显著，决定在天津设立户部造币总厂，鼓铸龙洋、银辅币和铜元。由于国家的造币总厂设在天津，负责这一工作的又是袁世凯的亲信、军机大臣徐世昌，因此给天津的地方财政带来莫大好处。

有了稳固的财政以后，袁世凯又想在天津发展近代工业，于是派周学熙前往日本考察。周学熙回国后，立即向袁世凯作了汇报。周学熙认为，日本迅速由贫转富，主要是举国上下致力于国防建设、重视教育和发展工业的结果，中国要学日本，非首先兴办教育、设立工厂不可。袁世凯采纳了周学熙的意见，并且让周学熙筹办直隶工艺总局，主持天津和直隶全省的实业建设。

1903 年（光绪二十九年）直隶工艺总局正式宣告成立，内设工艺学堂、实习工厂和考工厂。

工艺学堂是一所培养工业专门人才的技术学校，分为正科和速成科两级。正科学制 3 年，设有化学、机器和化学制造 3 个专业；速成科学制 2 年，设有化学、机器和绘图 3 个专业，聘用英国和日本专家任教。不久，学堂开始向日本派遣留学生。先是派优秀生入农、工、商各专科学校学习，后又派留学生到日本大阪、长崎各工厂实习。工艺学堂从 1904 年（光绪三十年）到 1907 年（光绪三十三年）的 3 年中，共培养出毕业生 150 多人，除一部分代培生回到原籍外，绝大部分派到天津各工厂当做技术骨干，所以这所学堂在当时被看成是培养工业人才的模范学府。

实习工厂既是工艺学堂学员实习的车间，又是为工厂培养工匠的地方。设立之初，共招收官费和自费生徒 200 人，设有机织、提花、织巾、刺绣、印染、木工、绘图、制皂、造纸、窑业、制燧（火柴）等 11 个专科。工厂与工艺学堂进行合作，每日有半天的时间由工艺学堂的教师来厂上课，剩下的半天在本厂的工师、匠目指导下进行实际操作。因为实习工厂的成效显著，保送来这里学习技艺的，除了直隶本省之外，还有奉天（今辽宁）、蒙古、察哈尔、山东、山西、陕西、河南、四川、广东各省。设立后的 3 年中，先后有 700 多人得到文凭，近 600 人留在天津，100 多人回到直隶或外省做技术工人。

考工厂不直接从事生产，而是国内外工业新产品的展销和推广中心。自开幕后，每天都有上千人前来参观，有上百种货物在这里代为寄售。通过陈列和销售，可以使生产厂家鉴别出产品的质量、成品的优劣、成本的高低、销售的快慢、运费的多少、包装的精粗，从而起到提高质量、降低成本、改进包装、减少周转和适销对路的作用。为接待外地厂商，考工厂里还有迎宾室，并由一些到过国外、熟悉外国商情的人担任讲解和接待工作。后来考工厂改名劝工陈列所，迁到新建的劝业会场，成为中国最早的工业展览馆。

为了加强工商业之间的信息沟通，以及加强市场的调查研究，周学熙还创办了工商研究所和工商演说会。工商研究所成立于1903年（光绪二十九年），参加工商研究所的都是当时天津工商界的精英，定期由工艺总局召集他们研究工业的产品、工艺和新图纸；交流各种货物的式样、原料和销售状况，然后根据市场需求，组织生产。此外，还研究制订出评选模范工厂、优秀的管理人员、技术人员和工人的办法。对于工厂生产的新产品，研究所代为申请专利，代为制作商标，代为推销。工商演说会每月召开两次大会，聘请学堂教员，或熟悉行情的工商业者，做专门讲座，或分析市场动态，有些关键性的问题还交给大家回去研究，到开会时再进行讨论。工商演说会还组织全市各行各业的工匠、商人分别组成自己的研究会。经过工商研究所和工商演说会推动，创办实业的思想在天津深入人心，创办实业的行动成为当时的社会风尚。

与此同时，直隶工艺总局还直接从事实业建设。1905年（光绪三十一年）工艺总局由直隶省官银号借银20万两开办了北洋官造纸厂。第二年又开办了北洋劝业铁厂，同时在原来的大沽船坞建立分厂，专门制造各种机器，每年销售额可达六七万两。在直隶工艺总局倡导下，天津许多新建的企业用的都是劝业铁工厂的机器。由于北洋实业的推动，仅天津一地就迅速涌现出一批"官助商办"的企业，以及不带"官股"的民立工场，其中资本在1万元以上的有20多家。这时天津竟出现了一个民族工业发展的短暂高潮。

71

直隶工艺总局还在全省推广机器纺织技术，不断选派技术人员，携带纺织机器到附近的州县和大小村镇进行推广，以挽回利权。著名的高阳土布就是在直隶工艺总局的推动下迅速发展起来的。当时高阳全县108村，平均一户一机，所产土布年收入达百余万元，不仅畅销全国，而且远销到东南亚、蒙古和俄国远东地区。

此外，北洋实业还有两个支柱企业，这就是启新洋灰公司和滦州煤矿有限公司。启新洋灰公司的前身是开平矿务局所属的唐山细棉土厂。八国联军侵华期间，开平矿被俄军占领，开平矿务局的负责人张翼企图利用英国人的势力把俄国军队赶走，他私自委托天津海关税务司德璀琳，与英商墨林公司订立一份假契约，把开平矿改为中英"合办"。不料，张翼弄巧成拙，开平矿反为墨林公司霸占，细棉土厂也一起被墨林公司所吞没。后来周学熙奉命办理收回开平矿的交涉，因为墨林公司的抵赖，谈判进行得十分困难。周学熙当时正在致力于北洋实业的开发，感到经营洋灰有利可图，于是建议用厂、矿分开的办法先收回细棉土厂，得到袁世凯的同意。细棉土厂收回后，周学熙便将这个厂买了下来。同时又招了一部分商股，改名为启新洋灰公司，专门生产"马牌"水泥，还在天津设立了事务所。以后不断进行扩建，产量大增，年可获利数十万元。后来，启新洋灰公司又从北洋政府那里得到了值百抽五，一次完税的优惠，并且取得了优先在直隶、东北和长江流域设立分厂的特权。又经过农工商部的批准，分别与京张、京奉和沪宁各铁路局订立专门使用启新洋灰的合同，从而使这个厂保持了垄断性的高额利润。

滦州矿务有限公司成立于 1907 年（光绪三十三年），由于在交涉收回开平矿的谈判中不见成效，周学熙决定在开平矿界外另建新矿，以打破英商对开平矿的垄断。后经清王朝批准，成立了滦州矿务有限公司，总理处设在天津。

滦州矿正式开采后，由于煤层很厚，煤质优良，很快获得了丰厚的利润。不久又改用德国新式机器开采，生产规模不断扩大。这时英商为了打击滦州煤矿，便用跌价竞争的办法，滦州矿为与开平矿竞争，也照样跌价，后来英商见滦州矿不堪赔累，于是一面进行恫吓，一面进行利诱，迫使滦州矿与开平矿签订合并合同，成为名义上的中英合资企业。由于英国享有不平等条约所赋予的特权，所以该矿实质上完全被英国支配。

总之，北洋实业是周学熙利用北洋军阀集团的财力和政治靠山发展起来的，反过来又为北洋军阀日后对中国的统治打下了一定的经济基础。

立宪请愿运动的中心

天津开埠以后，随着近代民族工商业、特别是商业的发展，天津的资产阶级队伍开始形成。到了 20 世纪初期，由于北洋实业的倡导，天津的民族经济又得到了初步的振兴。

1904年（光绪三十年）天津商务总会成立，不久又创办了《商报》，很受社会欢迎。从这时起，天津的资产阶级开始登上政治舞台，并在1905年（光绪三十一年）的反美爱国运动中首次登台表演。

这场反美爱国运动最早从广州开始，但运动的中心很快就转移到了上海。1905年上海商务总会举行会议，决定抵制美货，天津也派代表参加了这次会议。会后由上海商务总会向天津、汉口、广州等21个城市发出公开电报，号召各地商人不买美国货。

天津商务总会接到上海发来的电报以后，立刻召集各行业的负责人举行会议，一致同意从此不再购买美国货。同一天，天津各学堂代表也举行了反对美国迫害华工大会。会上有16名代表作了慷慨激昂的发言，其中最小的一名是养正小学的学生，只有13岁。大会通过了抵制洋货的10条实行办法。会后各校学生不顾袁世凯的阻挠，到处检查、监督、销毁美国货。许多学生还手拿《奉劝诸位同胞莫买美货》的传单，宣传抵制美国货。在很短的时间里，不穿美国花旗布、不吃美国面粉、不用美孚油成为群众的一致行动，连那些装潢美观的美国香烟也被扔到厕所里。在爱国商人和爱国学生的影响下，火车站和轮船码头工人拒绝搬运美国货，市民拒绝购买美国货，印刷厂的工人只印抑制美国货的各种宣传品，而拒绝承印美国的商业广告，租界里的美国商店也没有人登门，输入天津港的美国商品明显减少，甚至连在美国教会学堂里任教的中国老师也纷纷辞职。与此同时，天津的新闻界，尤其是《大公报》也在舆论上积极支持抵制美货运动。运动进入高潮后，《大公报》专门开辟了抵制美货要闻专栏，并发表专论介绍美国排华的历史和现状。

天津人民的反美爱国运动遭到袁世凯严厉镇压。运动一开始他就下令严禁：不准成立拒约团体，取缔20人以上的集会。《大公报》因为支持天津的抵制美货运动，竟被巡警局、邮局等部门实行"禁阅"、"禁邮"，不得不暂时停刊。这场反美爱国运动，虽然遭到镇压，但却激发了社会各阶层民族意识的新觉醒。

就在反美爱国运动在全国深入开展的同时，清王朝为了缓和矛盾，开始推行所谓的新政，并准备实行君主立宪。袁世凯是个善观风色的人物，清王朝宣布预备立宪之后，他率先在天津倡办地方自治，在天津府衙门设立了天津府自治局，同时选派了一批熟悉政治、法律和地方情形的士绅作为宣讲员，到城乡各处宣讲实行地方自治的好处。此外，又编印了《法政官话报》，分发到天津府所属各州县进行宣传和学习，为了使地方自治做到家喻户晓，还编印一种白话传单到处张贴。接着又在天津初级师范学堂里设立了地方自治研究所，由天津府所属各县中，每县选派士绅 6~8人到所学习，并招收了一部分旁听生。课程有自治制、选举法、户籍法、宪法、地方财政通论、教育行政、警察行政、经济学及法学通论等。4 个月毕业，各回原籍，筹备设立自治学社。

不久，天津县也成立了自治期成会，主要任务是起草和研讨自治章程。1907年（光绪三十三年）天津县举行了历史上第一次公开选举，选举出县议员30人，组成了天津县议事会。

1908年（光绪三十四年），清王朝颁布《钦定宪法大纲》，定以9年为预备立宪的期限，并令各省成立谘议局。第二年，顺直谘议局在天津成立。从此谘议局成为天津立宪派合法活动的场所。

1910年1月（宣统元年十二月），各省谘议局的代表组成请愿团齐集北京，公推直隶议员、天津代表孙洪伊领衔，递交了要求在一年内召开国会请愿书，遭到拒绝。同年6月，各省谘议局又组织了10个请愿团再次到北京递交请愿书，其中由顺直谘议局组织的就占了2个，即以孙洪伊为首的直隶省谘议局代表团，和以李长生为首的直省绅民及旗籍绅民代表团，而孙洪伊和李长生又都是天津代表，由此可见天津的立宪派在全国占有的地位。

10月，资政院在北京举行开院典礼，各省代表决定借机举行第三次请愿活动。清王朝迫于社会各方面的压力，不得已宣布将在1913年召开国会，并且严令各省代表立刻回到本省。直隶和东三省的请愿团仍然坚持要在1911年（宣统三年）召开国会。于是清王朝决定把东三省代表押解回省。

消息传到天津，受立宪派影响的广大青年学生非常气愤，当东三省代表团中的奉天代表路过天津时，天津学生界举行欢迎大会，会后，又发起组织全国学生请愿同志会。不久，奉天旅津学生代表召开大会，全国20个省旅津学生共1300多人参加了会议。此后，广东旅津学生、直隶学生以及全国学生代表连日集会，法政学校学生江元吉当场用刀割左臂肉一块，血书"为国请命，泣告同胞"；军医学堂学生方蒸宏，用刀断去中指，血书"热诚"两个大字，写完当场晕倒，在场师生见了无不失声痛哭，全校从这一天起开始罢课，这时的天津已经成为全国立宪请愿运动的中心。

不久，天津各校师生在法政学堂开会，并决定次日去直隶总督衙门请愿。会上一名上台演讲的学生在激动中用刀刺臂，顿时血流如注，晕倒在地，接着又有十几名学生相继刺血，然后用血在白布上大书"速开国会"、"誓死请愿"等口号，挂在会场上。大家见状鼓掌叫喊，以泪相见。革命先驱李大钊作为法政学堂的代表参加了这次大会，后来他回忆大会的情形时说："那种悲惨激昂的光景，我终身难忘。"

清王朝对以天津为中心的立宪请愿运动恨之入骨，不但不允提前召开国会，而且下令不准再进行请愿活动，如有违反，立即"查拿严办"。直隶总督陈夔龙接到命令，马上派出军警将各校包围，请愿同志会被迫解散，请愿领导人温世霖也被逮捕，发配到新疆。

国会请愿运动的失败，揭穿了清王朝预备立宪骗局，使各阶层群众进一步觉醒，立宪派也开始分化，许多立宪派开始倾向革命，革命派力量大增。一场推翻清王朝的革命运动，即将来临。

辛亥英烈血洒津门

　　辛亥革命爆发前夕，中国社会各种矛盾迅速激化。天津地近清王朝的首都北京，资产阶级革命党人一直把天津当作在北方进行革命活动的重要地点。如 1906 年（光绪三十二年）孙中山曾派廖仲恺由日本来到天津，联络正在天津活动的法国社会党人，同时在天津筹建同盟会。武昌首义的消息传出，极大振奋了天津人民的斗争精神，各种革命团体纷纷出现。他们或在市内聚众演说，散发传单；或暗中联合革命力量，组织武装起义。其中，以共和会领导的滦州起义影响最大。

　　天津共和会的创始人，是中国近代地理学的奠基人张相文，和北洋女子师范学堂兼法政学堂地理教师白雅雨。他们平素精研地理学，曾在上海任教，都是同盟会的成员。为了用学术联络革命同志，1909 年（宣统元年），张、白两人在天津组织了近代中国第一个研究地理的学术团体中国地学会，第二年又创办了中国第一份地理学期刊《地学杂志》。武昌起义爆发后，两人认为革命时机已经成熟，决定先由白雅雨建立中国红十字会天津分会，作为革命的外围组织。不久，又在法租界的生昌酒楼建立了共和会，由白雅雨担任会长。共和会的工作目标有两个：一是联络北京附近的革命团体进行武装暴动，另一个就是策动驻防滦州的清朝新军举行起义。为此，白雅雨先去滦州，发动清朝新军第 20 镇起义；张相文南下，请求革命军自海路北上秦皇岛，里应外合，直捣津京。张相文到了上海，见到同盟会领袖黄兴的同时，白雅雨也到达滦州。在白雅雨策动下，20 镇营长王金铭于 1912 年 1 月 1 日发出起义通电，1 月 3 日，北方军政府在滦州成立，由王金铭任大都督，施从云为总司令，白雅雨为参谋长，当晚乘火车向天津进军。中途遇到清军狙击，经过 4 个多小时的激烈战斗，双方不分胜负。清军以"谈判"为名，将王金铭、施从云诱到阵前抓获，当即被杀死。白雅雨只身逃走，后为清军所俘。审讯时，白雅雨大声说："我为革命献身，自当为国而死，今天被你们逮捕有什么好问的！"在刑场上，立而不跪，他说："此身可裂，此膝不可屈！杀就杀吧，为什么还要侮辱我！"行刑的刽子手先砍断了他一条腿，因他剪掉了发辫，无法揪住他的头，竟然把他倒挂在树上砍头。就义前白雅雨曾留下一首诗："慷慨赴死易，从容就义难。革命当流血，成功总在天。身同草木朽，魂随日月旋。耿耿此心志，仰望白云间。悠悠我心忧，苍天不见怜。希望后起者，同志气相连。此身虽死了，主义永流传。"表现了革命者大无畏地英雄气概。

　　滦州起义失败后不久，在天津的革命党人又联合起来举行了一次武装暴动。当时，长期在北方从事革命活动的胡鄂公，被湖北军政府派到天津。12 月 2 日，胡鄂公在北洋医学堂以湖北军政府的名义，召集京津一带的革命团体负责人开会，决定成立鄂军代表办事处。为了进一步协调各革命团体的行动，胡鄂公又在英租界小白楼召集各革命团体的代表，组织了北方革命协会。1912 年 1 月，胡鄂公由上海转道南京，在黄兴陪同下见到孙中山，孙中山向他表示："在北方开展革命活动，是当前最重要的任务。"并拨款 20 万元作为北方革命活动经费。胡鄂公得到孙中山的指示后，立刻返回天津，召开紧急会议，决定由各革命团体分别组织起义队伍，于 1 月 20 日零时攻占直隶总督衙门、巡警道衙门、电报局和电话局，以及重要的桥梁、渡口和火车站，然后成立津军都督府。会后很快向各路义军分发了枪械弹药，炸弹以及旗帜、胸章、臂章、布告和给各国驻天津领事的照会等等。然而，发动起义的头天晚上，信号炮因失误提前两个小时发出，各路起义军见到信号炮后，有的还没准备妥当，有的还没有集合队伍，只好仓促上阵。第一路军临时集合了各路队伍 120 多人攻打直隶总督衙门，遭到守军的抵抗，最后被赶来的清军包围。第七、八、九三路军的司令都在战斗中牺牲，起义失败。

辛亥革命前夕，资产阶级革命派中流行暗杀风，他们不惜用个人的生命作孤注一掷，刺杀统治阶级中的重要人物，以加速清王朝的灭亡。这种做法也影响到天津，1911 年（宣统三年）11 月，天津暗杀团的成立就是典型代表。天津暗杀团团长薛成华，直隶无极人，原来是保定盲哑学堂教员，后加入共和会，专门从事革命活动。1912 年 1 月 26 日，薛成华准备在天津新车站（今北站）刺杀由北京返回天津的北洋巡防大臣、直隶镇守使、天津镇总兵张怀芝。薛成华在组织这次暗杀团之前，已抱定必死的决心，在枕边留下了一首悲壮的绝命诗："男儿死尔果何悲，断体焚身任所为，寄语同志须努力，功成早建荡夷碑。"这天上午，薛成华等5人暗藏手枪和炸弹，潜伏在站台的人群中，当张怀芝走出车厢时，薛成华立刻向他迎了过去，然后扔出一枚炸弹，炸中车厢，炸伤一名卫兵，张怀芝也被震昏在地，这时薛成华又扔出一枚炸弹，他的助手也连连向张怀芝开枪，但都没有命中。附近的军警闻声赶来，当场将薛成华包围，薛成华又用手枪打伤两名军警，最后被捕，当晚即被凌迟处死，牺牲时年仅19岁。有人作一挽联悼念他："让盲者见光明，教哑子能言语，舍己为人，一方慈悲善士；炸民贼于下车，痛权奸之窃国，粉身取义，千载革命英雄。"

武昌起义爆发以后，在天津被反动统治阶级杀害的革命志士中，有一位非常值得我们纪念的革命戏剧家，他就是王钟声。王钟声又叫王熙普，浙江人，同盟会会员，曾留学日本，回国后被聘为浙江法政学堂校长和洋务局总办。由于他思想进步、倾向革命，不久便辞职，在上海办了一所通鉴学校，经常组织一些有表演才能的学生从事戏剧活动，借以宣传革命，教育群众。后来，王钟声又在上海组织了国内第一个话剧团春阳社。1908年（光绪三十四年）他带领剧团来到天津，结识了天津戏剧界知名人士、移风乐会创始人刘子良，两人合办了大观楼舞台文明戏园。第二年，王钟声又以天津新舞台有限公司名义，在报纸上发表宣传戏剧改革的文章。从这一年的10月开始，王钟声在大观楼舞台组织了一个月的新剧演出，剧目有《孽海花》、《林文忠公焚烟强国》、《爱国血》等。由于题材新颖，富有爱国精神，深受天津观众欢迎。1911 年（宣统三年）四五月间，王钟声为了配合一天天高涨的革命形势，又带领剧团在同乐茶园演出了新剧《热血》、《鸣不平》、《秋瑾》、《徐锡麟》等揭露社会黑暗、讽刺当朝权贵、歌颂革命志士、宣扬武装起义的新剧。武昌起义爆发后，他立即到上海参加领导武装起义，被推举为沪军都督府 12 名领导成员之一。为了策划和领导天津的武装起义，他辞去了沪军都督府的职务，只身化装北上。王钟声到天津后，在奥租界刘子良家中召集戏剧界的革命人士研究武装起义。不料王钟声一下火车就已受到暗探局便衣侦探的跟踪，不久暗探局串通奥国驻天津领事将王钟声、刘子良等人逮捕，交给天津镇总兵张怀芝用军法发落。审讯时王钟声大义凛然，当场质问军法官："九月初九日上谕，大开党禁，非据法律不得擅以嫌疑逮捕。我是革命党，你们把我怎么样？"军法官被问得张口结舌。后来张怀芝与陈夔龙密谋，决定把王钟声按行营拿获奸细罪论处。行刑前，王钟声毫无惧色，并庄严提出："革命党人非畏死，但斩首野蛮，请改为枪击。"然后高呼："驱逐鞑虏，光复大汉！"身中 13 弹后方倒下。

 反对法帝国主义强占老西开

辛亥革命以后，腐朽的清王朝虽然被推翻了，代之而起的却是北洋军阀的反动统治，帝国主义在华势力未被触动，各国租界并立的天津依然是帝国主义在中国进行侵略竞争的中心，法帝国主义对于老西开的非法侵占就是这种侵略行径的典型代表。

法国妄图强占老西开是蓄谋已久的事情，都统衙门统治期间，法国曾擅自将租界扩展，不久又要求把墙子河以外的老西开 4000 多亩土地作为法租界推广用地。1912 年，天主教北京教区决定把天津划为独立教区，并派来了首任主教法国人杜保禄，同时决定在老西开修筑新的主教府和主教座堂，借机达到把老西开扩充为法租界的目的。

修建教堂工程一开始，法租界工部局就向老西开一带派出巡捕。1915 年 9 月，法租界工部局又擅自在老西开散发传单、张贴布告，强迫这里的居民向法租界当局纳税。法帝国主义的嚣张气焰激起了天津人民的极大义愤，天津商务总会会长卞月庭首先发起组织了维持国权国土会，号召全市人民起来抵制法国的侵略行为，得到社会舆论和各界人士大力支持，使法租界当局的阴谋没有得逞。11 月，法国驻华公使又照会北洋政府外交部，要求天津地方当局撤回驻在这里的中国警察。1916 年 6 月，老西开教堂和附属建筑全部竣工，法租界工部局以修筑马路为名在老西开插立木标，同时派出警察巡逻，表示这块地方已划为法租界。当地居民忍无可忍，遂将木标拔掉，并且向北洋政府告发法国的侵略行为，维持国权国土会也要求政府采取相应的措施以御外侮。同年 8 月，法国驻津领事把 6

份标明老西开划入法租界的地图送往直隶交涉署盖印，10月17日又向直隶省长发出通牒，限定在48小时内答复。10月20日晚，法国驻津领事亲自带领巡捕和越南兵闯入中国警察在老西开驻地，把中国警察强行缴械，押往法租界工部局拘禁，然后在老西开派兵设岗，实行武装占领。

法帝国主义武装强占老西开的罪行，激起天津人民的强烈反抗。10月21日凌晨，天津各界数百人聚集在北马路商务总会门前，举行维持国权国土大会，会长卞月庭首先揭露了法国领事率军警强占老西开的经过，接着《益世报》经理刘浚卿发表了演说，疾呼："我国虽未亡，而外人对待我国如亡一般……与其苟且图存，贻羞于永久，何若舍命力争，以维国权。""如交涉无效，当牺牲生命，以资对待。"演说结束，群情激昂，决定结队到省政府和省交涉署请愿，沿途高呼"坚决抗议法国强占老西开！""反对侮辱中国！""抵制法货！"等口号，不少群众也自动加入到游行队伍中，到省政府时已有几千人。省议会决定派出代表和维持国权国土会的代表一起去北京，要求北洋政府和国会商议解决办法。25日下午，天津各界8000多人集会，决定成立天津公民大会，并一致通过六项决议：通电全国与法国断绝贸易；不使用法国银行纸币；解散法国在天津设立的招募华工机构惠民公司；中国货不卖给法国；中国人不得给法国做侦探；电告法国撤走驻华公使和驻津领事。

老西开事件的迅速扩大，使北洋政府惊恐万状，外交部长陈锦涛宣布辞职，由次长夏诒霆代理。10月28日，夏诒霆亲自到天津，当晚接见省议会和维持国权国土会、公民大会的代表。第二天早晨，公民大会又召开了几千人的大会，会后结队到省交涉署，要求夏诒霆答复交涉结果，夏诒霆信口说："把老西开辟为法租界是经过中国政府允许的，你们不要再反对了。像这样集伙成群的暴动，要惹出国际交涉来，那还得了吗？"交涉署委员王元恺接着说："此案不干我们的事"，在场的群众听到这番卖国言语怒不可遏，人人振臂高呼："打！打！"夏诒霆、王元恺吓得抱头鼠窜。群众把交涉署门窗、陈设全部砸毁、愤愤而归。事后，天津公民大会1.8万多人通电北洋政府，要求惩办这两个卖国贼，北洋政府不得不下令将二人免职。此后，反法斗争声势越来越大，11月12日法商仪品公司、仪品砖窑和义善实业铁厂开始罢工，接着，法国电灯房、铁工厂、法国球房以及各洋行、饭店的职工也纷纷加入罢工行列。不久，法国人雇用的中国厨师、马夫、男女佣人"全体告退"。一个法国人想用每月40元的高薪挽留一位女仆，遭到拒绝，她回答说，法国"占了我们的土地，把我们中国看得分文不值，因此我们中国人齐心不与你们做工，慢说你每月给我40元，就是给我400块，我也不能留在这里"。在罢工工人的影响下，法租界内的各学校教师罢教、学生罢课，商人和市民进一步提出"迁出法租界"，表示"绝不受庇于欺我辱我者之宇下"。接着，法租界工部局里的中国巡捕、侦探、卫生队、消防队全部罢勤。至此，法租界陷于瘫痪、垃圾粪便无人清理，入夜一片漆黑。法租界打算向英租界电厂借用发电工人，英租界里的中国工人得到这个消息后立即表示，如果英国人帮助法国人，他们将采用法租界工人的办法对待英租界，吓得英租界当局不敢答应这件事。

法租界的罢工工人为了统一领导，自动组织了罢工团，下设文牍、会计、接待、调查、庶务、稽查、演说 7 个部，还设有注到处等，由罢工团募集捐款、印发证书，证明注到的工人"牺牲职业，热心爱国"，无论到什么地方，只要持此证书，用工者可优先录用。为支持法租界工人的罢工斗争，公民大会组织人前去慰问并送去许多食物。法汉学校师生罢课以后，维持国权国土会另外组织了一所中法学校，借用商务总会会址上课，而且一律免收学费。房产公司为使迁出法租界的人能够及时得到住房，只收租金的 70%。为给罢工工人筹集生活费用，公民大会邀请京津著名演员联合义演，天津各影、剧院和茶园也先后组织义务演出。商务总会还为罢工团准备了休息所，取暖用煤由一家煤厂捐赠，一名中学生向罢工团表示，愿意捐献每月家长给的一角零用钱。一名人力车夫写信给《益世报》说："各界热心筹款，答我可钦佩的工人，鄙人愿每月捐洋一角，并联合同志四人，各每月一角，以此事解决为止。"而且先送去了两个月的捐款。仅一周的时间，天津各界捐款总数就超过了 4 万元。到年底，所有参加罢工的工人都领到了加薪。

天津人民反对法国强占老西开的斗争，还得到了全国各地的响应和支援。10 月 28 日，北京首先成立了公民大会，不久又改为中华全国公民会，并且发表宣言书，向世界揭露法国的侵略行为。上海、吉林、保定、石家庄、张家口、包头等地也很快组织起了公民大会，一方面声援天津，一方面领导当地的反法斗争。在天津罢工工人影响下，北京法国使馆的全体佣工也同时告退，上海法商经营的工厂和商店里的中国工人和雇员，也积极筹划联合罢工。上海商务总会和全国商务联合会为抗议法国的暴行，多次呼吁全国抵制法货和法币，并且把法国侵占老西开的经过印成白话传单，做到尽人皆知、共雪国耻。湖南的常德、湘潭、岳阳，江西的九江抵制法货运动都开展得轰轰烈烈。京津地区持有法国银行发行纸币的群众纷纷挤兑现银，北京、天津两地的中法实业银行总共发行钞票 110 万元，几天之内竟兑出 95 万元，使该行处于倒闭状态。法国强占老西开的暴行，还促使全国上下同仇敌忾，直隶省议会召开全体议员会议，通电各省共讨法国的侵略行径；江西、湖北、河南等省立刻响应。湖北、广东、云南和江西等省的督军表示，随时准备执戈北上，以雪国耻。

这场斗争最终挫败了法帝国主义强占老西开的阴谋，以不朽的篇章载入了近代中国人民反帝斗争的史册。

 6　民族工业的新崛起

第一次世界大战结束前后，天津民族工业的发展，达到了一个新的高潮。由于欧美各国忙于重新瓜分世界的战争，暂时放松了对天津的经济侵略，从而使天津民族经济得到发展的机会。

这一时期，天津民族工业的发展，首先表现在纺织工业方面。第一次世界大战爆发后，天津口岸的洋纱、洋布进口锐减，而社会对纱、布的需求却不断增加，价格不断上涨。以棉纱为例，1916 年时，一包 16支纱可盈利 7 元左右，到了 1919 年竟可盈利 70 元以上。利润就是社会投资的导向，结果大型纱厂纷纷在天津出现。第一次世界大战以前，天津只有 1 家官办的纱厂，纱锭总数 5000 枚，只占全国纱锭总数的 1%，不仅落后于武汉、上海等大城市，而且不如南通、宁波、安阳等小城市。在大战期间和战后几年中，投资者用很低的价格，买下沿海河的土地，建立起华新、裕元、恒源、裕大、北洋、宝成等 6 个纱厂，资本总数约 2000 万元，纱锭合计 24 万多枚，年产纱 13 万多担。这时全国的纱锭总数为 160 万枚，几年之间，天津占全国纱锭总数由 1% 增长到 16%，成为仅次于上海的全国第二大棉纺织业城市。

面粉工业也发展得很快。天津虽然早在 1878 年（光绪四年）就出现了第一家面粉厂，但直到 20 世纪初只增加了 1 家资本仅 4 万元的小厂。究其原因，主要是因为在第一次世界大战前，天津口岸面粉几乎全由国外和上海等地进口。大战期间洋面进口断绝，兴建面粉厂也成为有利可图的事。从 1914 年到 1925 年，天津新建面粉厂共有 11 家，占全国新建面粉厂总数的

5%。由于天津毗邻麦产区，而且进口洋麦便利，销售地区也广，所以这些面粉厂规模大、产量高，很快成为全国面粉业的一大中心。

与此同时，天津的火柴工业也发展起来了。1917年天津的华昌火柴厂与北京丹凤火柴厂合并，建立天津丹华火柴公司，资本200万元，成为全国最大的火柴厂。不久，又在辽宁的安东（今丹东）设立分厂，专门制造火柴杆，供京津两厂使用。天津的火柴不但抵制了进口货，而且远销到华北、华东和西北各省。

天津化学工业在这一时期的发展非常令人瞩目。1915年中国化学工业的先驱范旭东建立了久大精盐公司，所产精盐质地纯正，行销各大城市，备受欢迎。第一次世界大战之前，中国所需纯碱完全依赖进口，大战期间，国外输入中国的纯碱大为减少，英国卜内门公司乘机囤积居奇，造成碱价暴涨。这时，范旭东在久大基础上，于1920年在塘沽创办永利碱厂，成为我国建立最早和最大的制碱工厂。

随着工厂的不断增加，对水泥的需求量也大大增加了。大战前已具有一定规模的启新洋灰公司，这时如虎添翼，年产由40万桶猛增到86万桶，成为华北最大的一家企业，在相当长的时间内独占了我国的水泥市场。

第一次世界大战前，仅在三条石地区有几家机器厂和铸铁厂。战后，这里的许多厂家逐步由半手工操作发展到使用机器，并且安装了动力设备。如春发泰机器厂拥有40多台车床和200多名工人，成为当地最大的厂家。此外，造纸、制革、地毯与毛纺织业这时也都发展起来。

第一次世界大战之前，天津的民族工业无论在厂矿总数或资本总额方面，不但低于上海，而且低于武汉和广州，在全国居第四位。然而在大战期间，这种局面发生了变化。据统计，从1914年到1925年的10余年间，天津拥有万元以上资本的工厂26家，总额3000万元。与战前比较，厂数增加了1.5倍，而资本总数增加了7倍，一跃成为仅次于上海的我国第二大工业城市，在北方则首屈一指。

在民族工业迅速发展的同时，天津的工人阶级队伍也很快壮大了。辛亥革命前后天津大约拥有产业工人8000多人。1922年，仅天津6大纱厂和4大面粉厂就拥有工人1万多人，再加上化工、铁路、造船、海员、烟草及其他行业的工人，总数不下10万。他们与全国的工人阶级一样，是新的生产力的代表者，他们大多数来自附近的农村，与农民有着天然的密切联系。在以后的天津革命运动中，他们一直是中坚力量。一旦有了自己的正确领导，他们便会成为埋葬旧制度的掘墓人和开辟新社会的拓荒者，这是历史赋予他们的重任。

五　在曙光照耀下继续奋斗

 最早响应五四运动的城市

.　1919 年的五四运动是中国新民主主义革命的开端，也是一次彻底地和不妥协地反对帝国主义和封建主义的革命运动。当时，已成长为全国第二大城市的天津，是全国最早响应五四运动的地方。当五四运动的消息传到天津之后，具有斗争传统的天津学生立即行动起来。从 5 月 5 日开始，天津各学校的学生纷纷集会或发表通电，表示全力支援北京学生的正义斗争，团结一致，共赴国难，同时酝酿成立各种爱国组织。5 月 14 日，"以实行学生对国家应尽之义务为宗旨"的天津学生联合会正式成立，5 月 25 日，以直隶女子第一师范学校为主体的天津女界爱国同志会也正式成立，从此这两个学生爱国组织便成为领导天津五四运动的核心力量。这时，全市中等以上学校 1 万多人先后举行了罢课，天津码头 7000 余名工人拒绝装卸日货。

6 月 1 日北洋军阀政府公开下令取缔爱国学生运动，逮捕北京的学生，对外则封锁消息。6 月 3 日晚，北京学联派人向天津学联通报了这个情况，天津学联立即行动起来。第二天，一面打电报给北洋军阀政府，提出抗议；一面把学生被捕的消息电告上海学联。上海学联在收到电报的当天，便呼吁全国各省各界积极声援，火速营救。6月5日上海的工人开始举行罢工。天津学生也在同一天举行了集会，并向全国发出了"誓保国土、誓挽国权、誓雪国耻、誓除国贼、誓共安危、誓同始终"的"六誓宣言"。6月9日天津各校学生2万多人在河北公园举行集会，会场中心亭的两侧高悬一副对联："援民气，合民力，万众一心；御国敌，除国贼，匹夫有责"，并且分别在20个讲台进行讲演，情绪极为激昂。这时，有一名小学生跑上讲台，用小刀割破手指，在一块白布上血书"睡狮已醒"4个大字，台下群众见状极为感动，高呼"誓死报国"。在爱国学生的敦促下，6月10日天津商人首次罢市，天津总商会也发出电报说："查栖息于津埠之劳动者数十万众，现已发生不稳之象，倘牵延不决，演成实事，其危厄之局，痛苦有过于罢市者……急以明令并惩曹、陆、章以保护学生……"迫于全国人民的强大压力，北洋军阀政府不得不免去曹汝霖、章宗祥、陆宗舆3个卖国贼的职务，并释放了被捕的学生。

随着群众性爱国运动的深入发展，6月18日天津各界联合会成立，并于27日派代表去北京请愿，要求拒签凡尔赛和约。天津代表与各地代表在新华门前伫立了一天一夜，终于取得胜利。第二天，出席巴黎和会的中国代表团在全国人民的支持下，拒绝在和约上签字。五四运动提出的"外争国权、内惩国贼"的口号终于实现。

五四运动虽然取得了重大的胜利，但是受五四运动影响而全面展开的反帝爱国运动却在继续深入开展。在这场运动中，天津又成为全国各地坚持斗争时间最长、群众发动最广泛的地方。

五四运动之后，天津学生联合会感到有必要把这场斗争深入开展下去，于是决定创办自己的喉舌——报纸。最后，这一光荣而又艰巨的任务，落在了五四前夕刚刚由日本回国的热血青年周恩来的身上。1919年7月21日，正在南开学校就读的周恩来主编的《天津学生联合会报》正式创刊。这份由学生自编自印的报纸最初为日刊，后来改为三日刊，内容包括主张、时评、评论、新思潮、新闻、国民常识、函电、文艺、翻译等等，其中又以主张和时评两个栏目为重点。这份报纸上的许多重要文章，都是周恩来亲自撰写的。这些文章思想深刻，笔锋犀利，极受青年学生的欢迎。为办好这份报纸，周恩来白天投身到火热的群众斗争中去，晚上在灯下精心编辑或撰稿，经常工作到深夜，甚至通宵达旦。因此《天津学生联合会报》无论在推动新思潮的传播、促进爱国青年和工人运动相结合方面，还是在揭露、抨击反动当局镇压群众运动的种种罪行方面，都发挥了重大的作用，有力地推动和指导了天津的五四运动向纵深发展。

这一年的8月，山东发生了军阀马良残酷镇压群众爱国运动的事件。为了抗议军阀的暴行，8月23日天津各界联合会推举出郭隆真等 10 人为代表，会同山东的学生代表，共同去北京，与北京的学生代表一起向北洋政府请愿，结果遭到军警的镇压和逮捕。消息传到天津，各界联合会决心继续坚持斗争，于是又组织了以马骏为首的第二批请愿代表前去北京，营救被捕的同志。天津各界请愿代表与北洋政府进行了三天三夜的说理斗争，结果马骏也被捕了。就在这关键时刻，周恩来挺身而出，亲自率领各界联合会的代表奔赴北京。继续同北洋政府进行针锋相对的斗争。面对这名威武不屈的青年，北洋政府终于软了下来，最后不得不下令释放被捕的全部请愿代表。

在这场汹涌澎湃的爱国斗争中，天津还涌现出一批优秀的革命青年。1919 年 10 月 10 日，天津各界群众 1 万多人在南开操场集会，会后准备举行示威游行，然而大批军警突然把会场包围，就在这个时候，一名神采奕奕的女学生突然从人群中站了出来，她就是担任天津女界爱国同志会讲演队长，年仅 16 岁的邓颖超。在全副武装的军警面前，邓颖超一面率领学生高呼口号，一面奋不顾身向场外猛冲。经过奋力拼搏，学生们终于突破了军警的包围，游行队伍浩浩荡荡地出发了。最后，参加游行的学生们包围了警察厅，周恩来等 4 名代表向警察厅递交了抗议书。游行结束后，周恩来又连夜起草了《短期罢课宣言》，组织学生用罢课的形式抗议反动当局的暴行。

从 1920 年 1 月开始，天津各界群众和爱国学生又投身到抵制日货的斗争中。在这场斗争里，周恩来等 4

名学生代表被捕。周恩来在狱中大义凛然，他一面带领难友坚持斗争，一面组织他们开展读书和文体活动。同时奋笔疾书，撰写出两部记述狱中生活的革命文献——《警厅拘留记》和《检厅日录》。在周恩来的领导下，狱中全体难友毫不屈服。在审判过程中，周恩来据理力争，严词申辩爱国无罪的道理，审判官被驳斥得哑口无言，审判庭这时竟变成了爱国青年宣传革命道理的讲坛。与此同时，天津各界群众在狱外进行多种形式的营救活动。最后反动当局不得不承认被捕代表无罪而释放。7月17日，天津各界群众举行了盛大的庆祝活动，迎接被捕代表胜利出狱，并为每位代表佩带了大红绸花，和刻有"为国牺牲"4个字的纪念章。

总之，在五四运动期间，天津的爱国学生和广大群众不但行动迅速，在全国率先响应和积极声援北京的爱国运动，而且不断把这场爱国运动推向纵深发展，这就为日后天津的学生运动与工人运动相结合，以及革命思想的广泛传播打下了坚实的基础。

 2　共产党领导下革命运动的发展

五四运动期间，北京许多宣传马克思主义的进步刊物如《新青年》、《每周评论》、《少年中国》等等大量流入天津，吸引了许多寻求革命道理的青年读者。在这股新思潮的影响下，天津的进步刊物也像雨后春笋一样大量涌现出来，著名的有《觉悟》、《新生命》、

《南开日刊》、《南开校风》、《七天评论》等等。从此马克思主义以不可阻挡的趋势，在天津广泛传播开来。

马克思主义的传播，使天津的爱国学生头脑一新。这时天津学生联合会与天津女界爱国同志会决定联合起来。1919 年 9 月 16 日，周恩来、马骏、邓颖超、郭隆真等 20 余名热血青年，在天津学联所在地召开会议，决定成立一个革命青年的核心组织——觉悟社。9 月 21 日，天津学生联合会邀请中国马克思主义的先驱李大钊来天津讲演，会后又请李大钊到觉悟社座谈指导。周恩来向李大钊介绍了觉悟社的成立经过，李大钊一再叮嘱觉悟社社员要很好地阅读各种刊物中介绍马克思主义的文章。在李大钊的影响下，周恩来带领觉悟社成员学习马克思主义和科学社会主义，从此许多成员找到了正确的革命理论，并以之作为自己行动的指南，后来他们中间大多数人都走上了革命的道路，先后加入了中国共产党或中国共产主义青年团。

为了把马克思主义的真理运用到社会实践中去，周恩来又提出了知识分子必须与劳动阶级相接近的口号。在周恩来的带领下，许多爱国青年开始迈出校门，走到群众中间，先后办起了平民夜学校，国民半日学校，工人星期日学校，学徒义务学校，工厂补学学校，人力车夫休息处等，吸收工人、贫苦市民和失学儿童入学。革命青年张太雷还带领北洋大学的一些学生，到塘沽工人居住区进行宣传，南开学校的一些学生到郊区农民中间普及革命知识。1920 年 8 月，觉悟社的一部分成员，在周恩来带领下，到北京与少年中国学会等 5 个革命团体联合在陶然亭召开会议，并邀请李大钊到会讲演。会上，周恩来代表觉悟社着重介绍了知识分子应当深入到工农群众中去开展革命活动的主张。会后，这 5 个革命团体联合发表宣言，提出革命青年要到群众中去，切实做好组织农工运动和妇女解放的工作。这个宣言在天津广大青年中产生了很大的影响。

由于广大青年开始在马克思主义指导下走向社会，当时天津的革命形势很好。在中国共产党成立以前，北京的共产主义小组便派人到天津开展工作。1920 年 9 月在李大钊的指导下，张太雷在天津建立了社会主义青年团小组，这是继上海、北京之后早期的地方性的共青团组织之一。中国共产党成立之后，十分重视在天津开展工作。这时张太雷已去苏联担任共产国际远东书记处中国科的书记工作，李大钊又帮助于树德、安体诚、李培良等人于 1922 年 3 月重新建立了天津社会主义青年团。此后，李大钊还介绍一批团员加入了中国共产党。1923 年春，邓颖超等人又创立了女星社，这是天津最早在党领导下从事妇女运动的组织。这时，随着马克思主义的深入传播，天津的学生运动、工人运动和妇女运动广泛开展，并且从中涌现出一批为共产主义事业奋斗的党团员和革命志士，这就为中国共产党天津地方党组织的建立做好了充分的准备。

1924 年 7 月，中国共产党天津地方执行委员会在法租界 24 号路普爱里 34 号（原和平区滨江道普爱里 21 号）正式成立，于方舟当选为地委委员长，从此天津人民的革命斗争在地方党组织的直接领导下，出现了新的局面。

中共天津地委成立后，非常注意马克思主义的学习和宣传。曾邀请中国共产党的杰出理论家蔡和森来天津讲授马克思主义，并规定党团员必须订阅党的第一份机关报——《向导》周刊。后来由于革命形势日益高涨，军阀加紧了统治，由上海邮寄《向导》十分困难，地委决定在天津翻印，再由天津运发到北京或直隶省各地。

中共天津地委成立不久，还作出了关于开展工人运动、农民运动、学生运动和妇女运动的决议。为了贯彻这些决议，地委首先派出党员到天津各大工厂、特别是纱厂开展工作，或开办学校，或深入工人居住区。1925年春天，党组织在纱厂集中的河东郑庄子开办了平民义务学校，在河西开办了工人夜校，宣传阶级斗争理论，启发工人的阶级觉悟，在工人中发展党员。讲课的教师大部分是党团员。不久，宝成纱厂党支部和党领导下的工会建立起来，这是天津工人中的第一个党支部，此后各工厂先后建立了党领导下的工会，推动了天津工人运动的迅速发展。

第一次国共合作实现后，根据中共中央的指示精神，天津国民党直隶省党部和天津市党部同时成立，天津的党团员也以个人名义加入了国民党，许多党团员还担任了国民党省、市党部的领导工作，直接领导了全市许多重大的革命活动。

1924年3月，在党的领导下，天津各界500余人在省议会会场举行了追悼列宁的大会，于树德主持了大会，并作了有关列宁生平的报告，各界代表相继发言，最后女权同盟直隶支部全体成员登台高唱《国际歌》。同年 11 月，党又领导了欢迎孙中山北上和召开国民会议的运动。为热烈欢迎这位革命先行者莅临天津，在党的领导下，先后召开了两次各团体参加的筹备会议，推举邓颖超等 10 人谒见孙中山，并决定送给孙中山一面写有"代表全民众而奋斗"的锦旗。12 月 4 日，孙中山偕夫人宋庆龄乘轮船到达法租界美昌码头，中共天津地委组织数万人前往欢迎。欢迎仪式结束后，孙中山一行到日租界张园下榻，当时孙中山已身染重病，未能出席当晚的欢迎茶会。12 月 6 日，邓颖超赴张园慰问，祝愿"孙中山先生早日痊愈，而能与全津人士相晤见"。12 月 8 日孙中山在天津发表宣言，历数了辛亥革命以来，帝国主义利用军阀摧残革命的罪行，指出国民革命的目的，"乃在为人民之利益，而谋中国之自由与独立"。孙中山赴京前夕，天津各界代表再次集会，通过了《致孙中山函》和《致全国通电》，企盼孙中山坚持《北上宣言》的原则，并希望全国人民响应国民会议的召开。31 日上午，孙中山扶病离津，于方舟、邓颖超等 200 余人到车站送行。

1924 年 12 月 22 日，天津妇女国民会议促成会在邓颖超主持下成立。1925 年 1 月 3 日，有 60 多个团体参加的天津国民会议促成会成立，从此，天津的国民会议运动蓬勃开展。就在这个时候，孙中山不幸逝世。3 月 22 日天津国民会议促成会举行了有 400 多人参加的追悼会。4 月 18 日中共天津地委联合 40 多个爱国团体，召开了有 20 万人参加的天津各界人民追悼孙中山的大会，有 30 多人登台讲话。会后举行了反对帝国主义、封建主义和要求开国民会议的大游行。

这一年的 5 月 30 日，上海发生了五卅惨案。消息传到天津，在中共天津地委领导下，学联召开紧急会议，决定发动学生罢课。南开大学、北洋大学的学生首先行动起来，各爱国团体也纷纷发表宣言或通电，声讨帝国主义的暴行。6 月 5 日天津各界 1 万多人举行了抗议集会和游行。6 月 10 日，天津各界联合会成立，邓颖超任主席，许多共产党员和共青团员参加了联合会的领导工作。14 日各界联合会举行了有 10 万人参加的大会，并通过五项决议，这就是：收回英、日租界，废除不平等条约，取消领事裁判权，惩办英、日驻沪领事，惩办凶手、抚恤死难烈士家属。会后举行了示威游行。30 日天津人民和全国人民一起，再次举行了反帝大示威。参加者每人臂戴黑纱，工人走在最前列，由摩托车散发传单，自行车开道，童子军维持秩序，整个队伍威武雄壮，前后长达数公里，充分表现出天津人民顽强的反帝斗争精神。

就在五卅反帝爱国运动不断深入开展的时候，英帝国主义在广州制造了沙基惨案。从此，天津人民又在党的领导下，投入到声援省港大罢工的斗争。当时，英国船主为阻止罢工斗争的蔓延，强行驱赶所属轮船开往天津。中共天津地委根据上级指示，立即组织到津轮船的海员举行罢工，同时成立了海员工会，并在天津各报发表了《敬告全国民众文》，表示要与全国人民共同奋斗，争取五卅反帝斗争的胜利。天津各界联合会想方设法积极支援海员的罢工斗争，安排广东会馆为海员的临时住所，并组织募捐接济罢工海员的生活。为支持海员的斗争，许多行业的工人，还举行同情罢工。尤其是日商的大连码头、大阪仓码头和英商的怡和码头、太古仓码头，全体工人举行罢工斗争，使进出港的货船无法开动，港口陷于瘫痪，给了英、日帝国主义以沉重的打击。

在五卅运动的推动之下，天津工人的罢工斗争蓬勃开展。在这种形势下，天津总工会于 1925 年 8 月成立，这是党领导下最早出现的工人阶级联合战斗的组织。在总工会领导下，天津很快形成一个以纱厂工人为中心的罢工斗争高潮，充分显示出党领导下的天津工人阶级的伟大力量。

3　共产党人反对新旧军阀
统治的斗争

五卅运动后，冯玉祥所部国民军进驻天津。中共天津地委利用冯玉祥倾向革命的有利形势，积极开展工人运动和群众运动，使天津的革命运动高潮迭起，各级党的组织也迅速扩大。1926 年春，中华全国铁路总工会第三次代表大会在天津召开，会议决定把"铁总"会会址设在天津。

就在这个时候，奉系军阀在日本帝国主义支持下卷土重来。1926 年 3 月日本军舰公然炮击大沽口，国民军被迫撤出天津，而奉系张宗昌部褚玉璞开始统治天津。褚玉璞在帝国主义支持下，在天津残酷镇压革命，实行白色恐怖，以"宣传赤化，阴谋暴动"的罪名逮捕和杀害了15名共产党人和革命志士。审讯时，这15名同志在严刑拷打下毫不屈服，临刑前，他们高呼："打倒帝国主义！""打倒军阀！""共产党万岁！"15名烈士坚贞不屈的革命形象，一直受到天津人民的崇敬。1931年天津各界人士为他们共立了纪念碑。

1928年6月窃取了北伐大权的蒋介石在英美帝国主义支持下取代了旧军阀，在天津建立起国民党新军阀的统治。

为了加强对北方革命运动的领导，中共中央决定在天津成立顺直省委。1928年7月，在中央特派员陈潭秋、刘少奇主持下，召开了顺直省委扩大会议。会议号召全体党员和广大群众进行革命宣传，揭露国民党反共反人民的本质，共产党人应继续担负起领导中国革命的伟大使命。同年12月周恩来来到天津，再次主持召开了省委扩大会议，研究了各项工作，并请中央批准在天津建立印刷厂。1929年2月党中央派毛泽民携带印刷设备来到天津，在英租界广东道建立起秘密印刷所，印刷党中央的各项文件和省委刊物《北方红旗》，以及各种宣传革命的小册子。后来又在天津开办了北方书店。在顺直省委领导下，天津的革命运动开始得到恢复。

1929年6月，由于叛徒的出卖，设于英租界先农里的中共顺直省委机关遭到破坏，党的负责人彭真、刘秀峰、金城等20多人被捕，被关押在天津的河北第三监狱。1930 年 5 月又有一批党的负责人因"左"倾路线的错误，致使身份暴露而被捕，也被关入这座监狱。敌人使用各种酷刑，迫害被捕的共产党人，但是这些共产党人坚贞不屈。敌人又采取种种残酷的手段，对他们百般虐待，一些同志竟被折磨而死。为了有领导地同敌人展开斗争，被捕的党员利用每天放风的机会，进行秘密串联，成立了党支部，由彭真任书记。在监狱党支部的领导下，近百名政治犯联合起来，先后两次向狱方提出改善生活待遇的要求，狱方拒不答复。这时，狱中又发生政治犯因病重得不到医治而惨死的事件，监狱党支部决定抓住这个机会，向狱方提出八项要求：立即改善生活，白天开放监门，除去脚镣，增加家属探视次数，改善医疗条件，延长运动时间，阅读报纸，发给病人衣被鞋袜及日常必需品。并要求狱方限期答复，同时还做了全体绝食的准备。另外，监狱支部设法与省委取得了联系，请求省委支援。7 月 2 日，当他们得知狱方对这些要求拒不答复时，遂宣布全体绝食，并且秘密向几家报馆递送了绝食斗争的消息，和全体政治犯的呼吁书。7 月 4 日，报纸上陆续披露了政治犯进行绝食斗争的新闻，中共顺直省委也发动群众向反动当局提出抗议，记者还准备到狱中进行采访。这一切给反动当局造成极大的压力，他们不得不指示狱方应允所有条件，绝食斗争取得胜利，7 月 6 日狱中难友全体复食。

　　然而为时不久，第三监狱的狱长即因处理绝食斗争不力而被解职，新监狱长全部推翻了已应允的条件，全体政治犯又回到了从前那种非人的生活中。这一年的9月，监狱再次发生政治犯被折磨致死的事件，并且拒绝了难友在狱中为死者开追悼会的要求，于是监狱党支部又发动政治犯再次进行绝食斗争，两天后狱方被迫恢复以前已答应的全部条件，这次绝食斗争也取得了胜利。

反动当局为了分散被监禁的共产党人的力量，1931年5月，突然将金城等人转押到北平第一监狱，将彭真等人转押到北平第二监狱。但是，第三监狱中的共产党人早有准备，他们又重新组织了党的支部委员会，就在狱方再次取消优待条件的时候，政治犯们于当晚举行第三次绝食斗争。最后也取得胜利。1932年3月，反动当局又策划将第三监狱的政治犯分散转移，监狱党支部得知这一情况后，展开第四次绝食斗争，迫使狱方答应了政治犯所提出的停止转移等各项条件。

在监狱党支部的领导下，被监禁的共产党人不仅把监狱当成继续进行革命斗争的场所，而且把监狱当成学习马克思主义的学校。在长期的监禁生活中，他们时刻不忘继续提高自己的理论水平和阶级觉悟，许多人通过家属把马列主义著作带到狱中，通过学习马列主义，进一步坚定了狱中同志的无产阶级立场，同时壮大了党的队伍，保存和培养了一批党的干部。在长期的监狱折磨中，有的同志牺牲了，有的同志被营救出狱，又踏上了新的革命征途。最后一批同志，在1936年全国一致抗日的形势下，才得以胜利出狱，并积极投身于伟大的抗日战争，成为中国共产党的领导骨干力量。

4 群众性的抗日救亡运动

　　九一八事变后，日本帝国主义很快占领了东北全境，整个华北危在旦夕。日本为了继而吞并华北，首先把侵略矛头指向天津，并派来了关东军特务机关长土肥原贤二，联合日本的天津驻屯军司令，在日租界共同策划了一系列的暴乱活动。1931 年 11 月 10 日夜，土肥原乘暴乱之机，在海河中准备了一只装有炸药的轮船"淡路丸"，将寓居于日租界的清朝废帝溥仪偷运出津，第二年溥仪在长春就任伪满洲国的"执政"。

　　面对张牙舞爪的日本，蒋介石和国民党采取了妥协投降的不抵抗政策，1933 年 5 月竟在天津塘沽与日本签订了《塘沽协定》，承认日本对东三省及热河的侵占为"合法"，同时把冀东地区划为"非武装区"，从而为日本侵略华北大开方便之门。1935 年 6 月，日本又压迫国民党撤走驻河北省的军队，并在全国范围内取缔一切抗日活动，最后由国民党北平军分会代理委员长何应钦与天津日本驻屯军司令梅津美治郎签订了《何梅协定》。同年 11 月，日本又策动汉奸，在天津制造了要求"自治"的骚乱。为了加紧对华北的侵略，日本于 1936 年 5 月将天津驻屯军升格为华北驻屯军，司令部就设在天津。此后日本华北驻屯军的数量不断增加，并开始修建机场、仓库等军事设施，开辟了由日本经东北到华北的航空线；同时在天津增建海军专用码头，实行武装走私。到 1936 年 10 月，日本自以为条件成熟，命令华北驻屯军举行了以"夺取天津"为目标的军事演习，这实际就是卢沟桥事变的前奏。

面对着严重的民族危机，天津人民迅速行动起来，他们在中国共产党的领导下，掀起了波澜壮阔的抗日救亡运动。1931年9月19日，也就是九一八事变的第二天，河北工学院的师生首先行动起来，决定组织学生军，准备投笔从戎，共赴国难。22日，各校学生组织了救国联合会，呼吁"停止内战，一致抗日，以纾国难"。北洋工学院代院长王季绪愤而绝食，该校学生闻讯，当晚即组成抗日救国会，立即南下请愿抗日。12月，一些大工厂的工会联合组织了天津市各业工会救国联合会，发表抗日救亡宣言，随后又向全国各界发出通电，吁请各界立即行动，以挽救国家民族之危亡。当时，北平学生南下请愿团在天津受阻，天津铁路工人得知这一情况，自动驾驶火车前去支援，终于把北京、天津、济南等地的学生，送到国民党政府所在地南京。

淞沪抗战的消息传到天津，中共地下党领导天津人民热情支援19路军的抗日行动。在全国抗日浪潮的推动下，天津各界还开展了大规模的抵制日货活动，广大学生走上街头检查日货，工商业者组织了对日绝交委员会，不少商家也把所存日货造册呈报。日本驻天津领事为此先后5次向天津国民党当局提出"抗议"，但慑于天津人民的强烈抗日情绪，天津国民党当局也无可奈何。不久，天津工、商、学、妇各界决定组织工人自卫团，拒绝给日本人做工；商人宣传对日经济绝交，彻底抵制日货；学生和妇女深入全市进行抗日宣传。天津人民抵制日货的斗争，给了日本在华经济势力很大打击，日资经营的裕大纱厂，因受抵制日货运动的影响，产品无法出售，不得不于年底停工。其他日货工厂10余家，也因抵制日货的影响，生产过剩，先后停业。

1933年5月，居住在天津的中国共产党党员、著名将领吉鸿昌，联合冯玉祥等人在张家口组织了察哈尔抗日同盟军，一度收复了张北的大片土地，并把日伪军队赶出了察哈尔。天津各界抗日联合会得到这个令人振奋的消息后，立即派人赴前线慰问。后来因为蒋介石、国民党勾结日本，破坏抗日同盟军的爱国行动，致使吉鸿昌因弹尽粮绝而失败。吉鸿昌潜回天津后，又组织了中国人民反法西斯大同盟，继续从事抗日活动。但是蒋介石并未因此放松对吉鸿昌的迫害。1934年11月9日，国民党特务勾结天津法租界当局，在法租界国民饭店将吉鸿昌逮捕，旋押往北平，11月24日在北平遇害。就义前，吉鸿昌烈士留下了一首悲壮的绝命诗："恨不抗日死，留作今日羞，国破尚如此，我何惜此头。"时年仅39岁。

为挽救祖国的危亡，1935年12月9日和12月16日，北平大中学生在中国共产党的领导下，举行了两次抗日救国的游行大示威。天津学生得到消息后立即响应，也于12月18日举行了空前规模的示威游行。游行队伍分为南北两支，南支由南开大学和南开中学等学校的学生组成，出发前还召开了大会，提出"反对华北自治"，和要求"全国团结，一致抗日"的主张。出发后，又汇合了汇文等学校的中学生，向在金钢桥北的国民党市政府进发。北支由北洋大学、河北工学院和法商学院等院校的学生组成，他们高举着"天津学生请愿团"的大旗，也向国民党市政府进发。正当南北两支队伍准备汇合时，突然遭到军警和特务们的阻拦。这时学生们高呼："中国人不打中国人！"，"欢迎爱国军警抗日！"向军警、特务冲去，许多人虽然被军警打伤，但最终冲破了阻拦，两支队伍胜利汇合，然后又浩浩荡荡向南开操场进发，最后在南开操场召开了全市学生大会，宣布成立天津学生抗日救国联合会，发表了抗日宣言和通电。大会决定自 19 日起举行全市总罢课。

12 月 26 日平津学生联合会成立。根据中国共产党提出的必需发动千百万工农群众起来进行自卫武装斗争，才能取得抗日救亡运动胜利的指示，大会决定组成"平津学生南下扩大宣传团"。天津的宣传团由北洋大学、法商学院、汇文中学和南开中学等校学生组成，1936 年 1 月 2 日从天津出发，途经杨村、安次、永清，到达固安。在固安北关召开了平津学联南下扩大宣传团全体大会，最后到了北平。此后又经过 20 多天的酝酿，于 1936 年 2 月 16 日在北平成立了中华民族解放先锋队。随后，天津也成立了民族解放先锋队的组织，成为中国共产党团结爱国青年进行抗日救亡斗争的核心。

同年 4 月，平津学生联合会改名为平津学生救国联合会。天津学生联合会也相应改为天津学生救国联合会。此后不久，以下层劳动群众为主的天津民族救国联合会，以近郊农民为主的农民救国会，以知识妇女为主的妇女救国联合会先后成立，并在此基础上成立了天津各界救国联合会，这样，一个全民性的抗日救亡运动开始在天津形成了。

六 从沦陷到解放

日本占领下的天津

从 1936 年起，日本增兵华北，并不断在天津附近进行军事演习。华北驻屯军也连续在天津召开军事会议，策划侵略阴谋。1937 年 7 月 7 日，日本终于发动了卢沟桥事变，从此全国性的抗日战争开始了。

七七事变消息传到天津后，天津人民在中国共产党地下党的领导下，立即行动起来，工人救国十人团发出了《告工人书》，号召全市工人立即行动起来，投入抗日斗争。天津学生救国联合会发起成立了卢沟桥抗战后援会，发动社会各界广泛募捐，然后派人分赴29 军前线慰问抗日将士。天津各界救国联合会也发出联名通电，要求国民党政府支持 29 军抗日，誓不承认任何屈辱条约。

与此同时，日本华北驻屯军新任司令香月清司率领 3.5 万名日军自塘沽登陆，并不断从东北、朝鲜调集兵力增援。从 7 月 12 日起，日军开始向天津发起进攻。根据卖国的《何梅协定》，天津市区不准中国军队驻扎，因此天津的火车站、飞机场很快便被日军占领。7月26日，日军部署完毕，随即向中国军队发出通牒，命令中国军队南撤，但遭到拒绝。于是日本开始对天津、北平实行分割包围，并发起进攻。这时驻扎在天津近郊的中国军队忍无可忍，决定对天津的日军机场、天津火车站和设于海光寺的日本兵营进行袭击。7月28日凌晨，中国军队向盘踞在上述据点的日军发起进攻，广大市民听到枪声，纷纷跑上火线为爱国将士送去茶水、食品和西瓜，汽车司机自动帮助运送弹药或士兵，许多人还冒着危险在火线修筑工事。战斗进行到当天下午，日军从塘沽调来大批增援部队，同时出动飞机进行猛烈轰炸，至傍晚时，中国军队不得不从前线撤退。守卫在一家工厂水楼上的4名爱国士兵坚持战斗，最后与日军展开白刃战，在刺死6名日军后，全体壮烈牺牲。7月30日，大批日军从塘沽登陆后进入天津，并用飞机炸毁了天津市政府、警察局、法院、造币厂、电台等要害部门，最后用汽车满载着汽油，纵火烧毁南开大学。至此，天津沦入日本帝国主义之手。

天津沦陷后，日本立即建立起残酷的殖民统治，一切均须听命于日本侵略军的指挥机关——天津防卫司令部，名义上则由汉奸组成的天津维持会管理。后来维持会虽然变成了天津市公署，实际上仍是一个傀儡政权组织。为了对天津人民进行残酷镇压，日本侵略军又设立了2个特务组织，这就是宪兵队和警察署。同时，在全市推行保甲连坐制度，并一再推行"强化治安"运动。

在经济上，日本帝国主义在天津最初推行的是大规模的掠夺方针，为此，对全市工矿企业实行"军事管理"，而对那些与军事有关的工矿则实行直接经营，包括煤、盐、铁等大批产品都运送给日本在华的侵略军，以补充其给养，也有的产品运回日本国内。为了保证侵略军的日常供给，日本不仅在天津附近圈占了大量工地，而且实行"米谷统治"政策，所有余粮，一律收缴日本军用。在流通领域，日本用伪联合准备银行强行兼并了天津所有的公私银行，在没有任何准备金的情况下，数以亿计地发行"联银券"，结果造成通货恶性膨胀。沦陷期间，天津的批发物价指数上涨了近千倍，食品批发价上涨了 730 倍，囤积居奇的日本商社从中牟取了惊人的暴利，由此给水深火热中的天津人民造成的巨大灾难是可想而知的。太平洋战争爆发后，日本决心推行所谓日、"满"和华北的经济一体化政策，对华北地区实行"开发"，妄图通过经济手段把侵略战争长期进行下去。而日本对华北的所谓经济开发，又是围绕着天津进行的。当时，日本在天津建立了许多工厂，如钢铁、机械、电力、化工、橡胶、纺织、造纸、火柴、建材、制药、皮革等，这些都是与军事有关的部门。

在思想文化方面，日本在天津强制推行奴化政策。各级学校一律设置日语课，强令使用日本人编写的教材，并让学生接受日本式的军事训练。为控制舆论，日本在天津实行"新闻统制"办法，封闭了所有的私人通讯社和大部分报纸，只允许伪中华新闻通讯社和汉奸报纸《庸报》发表种种假造的消息。此外，日本占领军还扶植青帮和反动会道门等恶势力，作为他们的爪牙，纵容日本和朝鲜浪人肆意制造和贩卖毒品，戕害天津人民。

在日本侵略军的殖民统治之下，天津人民不但饥寒交迫，而且连生命都没有保障。当时，大米、白面被规定为日本侵略军的军粮，一般市民平日只能以花生饼、豆饼和麦麸磨制的"混合面"充饥，郊区农民每天靠挖野菜生活，饿死人的事情经常发生。为了补充因征兵而造成的劳动力不足，日本侵略军到处抓捕劳工，在塘沽设立劳工收容所，在收容所集中后，再转运到东北或日本。据1942年1月至7月的统计，日本在7个月的时间里，竟从塘沽运走了70万名劳工。对于天津人民的反抗，日本侵略军则实行惨无人道的镇压，1938年1月15日《新华日报》载："天津东车站在最近二个月内，先后死在敌人手里的同胞，不下三千人。敌人在该处铁路以外，挖了大的坑子，以备把枪毙的尸骨整批的埋入。"然而镇压、迫害和屠杀并不能使天津人民屈服，他们在中国共产党的领导下，从天津沦陷之日起，便与日本侵略者展开了顽强的、此起彼伏的斗争。

 此起彼伏的抗日斗争

沦陷初期，天津人民反抗日本侵略军的斗争接连不断。1937年8月，一列满载军用物资的火车驶进天津东站，铁路工人一见这些东西便愤怒地冲上火车，吓得押车的日本兵抱头鼠窜，车上的钢盔、探照灯、大米、罐头、饼干等被附近群众砸毁、抢光。9月，西郊农民为阻止日军南下，将津浦铁路支线扒掉十余里，并且袭击了日军的辎重队，缴获了几万发子弹，最后留下一张字条，上面写着"中国人民不是好惹的"。在城郊接合部，经常有暗藏手枪和手榴弹的农民杀死日本哨兵的事情发生。12月，裕元纱厂工人纵火烧毁了日军存放在该厂仓库的1000多包原棉。日军存放在兴中公司仓库的军需品，也在夜间被天津人民纵火焚毁。翌年2月，设于租界里的天津电话局工人，拒绝日本侵略军的"接管"，展开了"抗交"斗争，前后持续达1年之久。

为了配合抗日根据地进行深入敌后的斗争，根据中共中央的指示，中共天津市委在1938年10月撤销，河北省委也由天津迁往冀东农村。天津的抗日斗争由中共北方局所属的平津唐点线工作委员会领导，在天津开展秘密工作，方针是"隐蔽精干，长期埋伏，积蓄力量，等待时机"。为贯彻执行这个方针，天津中共地下党从三个方面进行工作：一是发动群众支援抗日根据地，为根据地输送干部和军用物资；二是打击敌人统治，破坏敌人的各种军事设施，瓦解敌伪军；三是积蓄力量，准备反攻。为此，天津地下党秘密发展党员，建立党的外围组织，把各阶层群众紧密团结在党的周围。党的这些工作，使敌人看得见，摸不着，在瓦解日伪统治、鼓舞人民斗志方面起了很大作用。

在"隐蔽精干"方针的指导下，地下党通过各种关系，深入到工厂企业中，利用多种方式展开斗争，在打击敌人的同时，发展党的组织，如在各大纺织厂发动工人消极怠工，不给日本人织布，或设法破坏机器，使工厂大幅度减产。双喜纱厂的 700 台织布机，每天出不了 200 匹布。为日军生产步枪、刺刀和迫击炮的昌和铁工厂，以出废品的形式破坏生产，次品和废品经常要占产量的一半以上。专门制造步枪的生恒机械厂，工人们暗中改变撞针的淬火工艺，检验时完全合格，实际上打不了几枪就报废。华北交通株式会社天津铁道工厂为日军检修装甲车，工人们故意把关键部分弄坏，使小修变成中修或大修，同时还延长修车时间，降低修车质量，装甲车修完后，用不了多长时间又得返修。塘沽港工人经常制造装卸事故，1942年，工人们故意使 7 吨重的汽锤从起重机上掉下来，砸断了日本轮船的骨架。不久又利用在铁轨上滚送排泥管的机会，制造了火车出轨翻车事故。与此同时，中共地下党还多次领导工人开展罢工斗争，如 1938 年秋，兴中轮船公司驳船工人为要求增加工资举行了罢工，1939 年华北交通株式会社天津铁道工厂工人为抗议厂方无理逮捕工人举行了罢工斗争，1940 年春新港工人为抗议日本工头欺压中国工人举行了罢工斗争，1943 年裕大纱厂工人和华北运输公司万余名搬运工人先后举行了罢工斗争，1944 年春汉沽盐滩工人在生产旺季举行了罢工斗争，同年 11 月东亚毛麻厂工人举行了罢工斗争，这些罢工都以工人取得最后胜利而结束，从而给日本侵略当局很大的打击。

中共地下党还根据"隐蔽精干"的方针，组织广大青年和知识分子奔赴敌后根据地，参加抗日游击战争。如河北工学院教师洪麟阁和杨十三，在抗战爆发后，由天津投身于冀东抗日根据地，组织抗日武装，在游击战争中壮烈牺牲。消息传到延安，朱德总司令亲自主持了追悼会，彭德怀副总司令在悼词中称赞杨十三是广大知识分子和科学教育工作者的榜样。毛泽东同志还为杨十三题写了挽联："国家在风雨飘摇之中，对我辈特增担荷；燕赵多慷慨悲歌之士，于先生犹见典型。"天津的广大青年学生也在中共地下党领导下开展各种形式的斗争，如创办秘密刊物，举办讲演会，散发抗日传单等等。许多学生为阅读进步书刊，探讨中国前途，还自动组织起各种"读书会"。1940年平津唐点线工委来天津开展工作时，便在"读书会"的基础上，建立了党的外围组织——青年抗日先锋队，许多爱国青年通过"读书会"的活动，走上了革命道路。为适应这一形势，青年抗日先锋队中很快建立起党的支部。1942年，一些"读书会"的成员由抗日根据地回到天津开展工作，根据党的指示，建立了秘密组织——青年抗日救国会，后来改名为天津市各界抗日救国联合会，并在会中建立了党的组织。抗日救国联合会不仅在学校，而且在工厂中发展力量，同时打入伪军伪警中间，抗战胜利时，抗日救国联合会已有会员 100 余人，其中党员五六十人。

中共地下党还组织天津各界群众想方设法支援抗日根据地。当时日本侵略军对天津周围实行严密封锁，严防人员、车辆进入抗日根据地。地下党依靠群众，千方百计护送往来于根据地与天津之间的人员和物资。设在估衣街的中西大药店，是向抗日根据地输送各种药品和医疗器械的秘密转运站；设在河北路的天利贸易行，是向抗日根据地输送军用物资的秘密转运站；设在大胡同的益顺兴工厂，是向抗日根据地输送文具和印刷用品的秘密转送站。在子牙河畔的大红桥，地下党设有秘密的水运码头，专门运送往返于抗日根据地的人员和物资。

天津沦陷后，在中共中央关于开展敌后人民抗日游击战争的统一部署下，天津的北面和西面建立了属于晋察冀抗日根据地的冀东军区和冀中军区，南面建立了属于山东抗日根据地的渤海军区，从而自外围卡住了被日本占领的天津。1938 年 7 月，在中共河北省委的领导下，爆发了冀东抗日武装大暴动。这次暴动范围很广，包括 22 个县，参加暴动的有工人、农民、知识分子和各抗日团体，总共 20 多万人。天津的抗日统一战线组织——华北人民抗日自卫委员会，为这次暴动做了大量的组织工作，支援了大批物资。冀东暴动的声势很大，攻占了不少被日军盘踞的县城和集镇。如蓟县县委领导的游击队，一举攻克蓟县县城，后来这支武装撤到盘山，为盘山抗日根据地的创建打下了基础。冀中抗日根据地是一个斗争条件非常艰苦的根据地，因为这里地处冀中平原，日军的兵力调动和军事运输都很方便，但冀中人民创造了游击战、地道战等方法与敌人周旋，使这里成为敌后抗日的坚强阵地，有力地支援了天津人民的抗日斗争。天津东南的渤海军区因临近渤海湾，除了进行陆上的抗日武装斗争外，还建有海上游击队，经常出没在天津附近的海面上打击日军和伪军。

天津近郊的农民武装抗日斗争在党的领导下也很活跃。一支支小股武工队，因占有地利之便，不时在日本侵略军的后方进行袭扰，如破坏铁路，袭击四出游弋的日军，还用各种方法夺取敌人的武器用来武装自己。这些斗争规模虽然不大，但也动摇了日本侵略军在天津的统治，鼓舞了天津人民的抗战热情和斗争意志。到日本投降前，整个天津市已经处在了共产党领导的抗日根据地的包围之中。

 国民党对天津的"劫收"

日本无条件投降的消息传到天津后，历尽苦难的天津人民无不欢欣鼓舞，天津的物价也一度下跌。然而随之而来的，却是蒋介石国民党勾结美国建立的反动统治。

就在日本宣布无条件投降的次日，国民党军统局便以蒋介石的名义给天津潜伏电台发来电报，任命伪华北绥靖军总司令门致中为国民党先遣军总司令，天津伪治安军改编为河北先遣军。不久，又任命国民党高级将领杜建时为第11战区驻津唐榆代表、北宁线区警备司令和天津市副市长，张廷谔为天津市市长，飞抵天津进行"接收"。9 月 30 日，美国海军陆战队第三军团 1.8 万人从大沽口登陆，次日 4000 名美军进入天津市区。10 月 6 日，美国海军陆战队第三军团司令骆基和国民党第 11 战区前进指挥所主任施奎龄，分别代表美国政府和中国政府，在美国海军陆战队司令部门前举行了受降仪式，接受了天津日军司令官内田银之助的投降。美军不但帮助蒋介石占领了天津，而且由美机空运大批国民党军队，完成了北宁铁路沿线的军事部署，天津很快由日本人手里转到了蒋介石国民党手中。

当时，驻天津的美国军队负责对投降的日军进行接收，而大量的日伪财产，则由国民党派"接收大员"乘坐美国军用飞机来天津接收。日伪政府机关和文化单位的接收工作，由张廷谔、杜建时和国民党天津市党部主任时子周组成的党政接收委员会负责。日伪经济部门的接收工作，由国民党政府各部、会，以及国民党军队的特派员负责。与此同时，国民党军统局潜伏组织和与他们联系的伪军警、帮会头目这时也钻出来趁火打劫，一时间，全市的接收办事处竟有 20 多个。这些人在接收过程中你争我夺，如同明火抢劫一般，群众对这些人嗤之以鼻，称这种接收为"劫收"，称接收大员为"劫收"大员。

天津沦陷期间，日本帝国主义通过残酷掠夺和殖民统治，积累了大量资产，仅由日本官方和驻军直接开办的工厂就有 200 余家，价值 200 多亿元，这还不包括日伪人员的大量个人财产。从 1945 年 10 月到 12 月底，国民党党政接收委员会共接收敌伪产业 1000 余处，市长张子谔将其中 10 家规模小但价值高的工厂交给市政府接收，然后公开变卖，仅此一项张廷谔就从中获赃款黄金 400 两。市警备司令牟廷芳本来无权参加接收，但他私自派人调查日伪隐匿不报的财产，然后攫为己有。日伪人员深知这些接收大员的贪劣本性，在编制接收清册时故意以多报少或根本不报，从而为接收大员的中饱私囊大开方便之门。接收大员争夺最厉害的，是全市 1300 多处敌伪房产，没过多久，这些房产便成了接收大员或国民党军政要人的私邸。有人在报纸上编写打油诗，说这些接收大员"官非官，吏非吏，空手来，满载去。来为饿鬼皮包骨，去似大贾腹垂地"。

在"劫收"过程中，蒋宋孔陈四大家族通过行政院控制的敌伪产业处理局天津办公处，把日伪的 260 多家大型工厂组成电力、钢铁、水泥、化学、造纸、机器、制革和电工器材八大公司。接着又把规模大、利润高的 7 家棉纺厂组建为中国纺织建设公司天津分公司，结果使天津工业 60% 以上完全为官僚资本所控制。这种掠夺式的接收，极大地破坏了天津的工业生产。在被接收的工厂中，能勉强开工的不足 1/6，中纺公司各厂虽然凭借特权得以开工，但机器设备利用率也仅为 40%。群众讽刺说，这种"接收"，不过是由多变少、由少变坏、由坏变无的三部曲。此外，四大家族还利用他们所掌握的金融大权，大肆掠夺社会财富。1946年初，国民党以1∶5的兑换率收兑伪币，即一元法币兑换五元伪币。办法实行后，天津物价立即猛涨，大量工厂、商店因此纷纷倒闭。"想中央，盼中央，中央来了更遭殃。"这句顺口溜集中反映了广大群众对国民党统治的严重不满情绪。

与此同时，四大家族还与美国垄断资本相勾结，把天津变成了倾销美国过剩商品的市场。据统计，1946时，天津市场上有60%是美国货，从吃的面粉，到穿的棉布，乃至用的卫生纸全都是来自美国。有人讽刺说：这是"无货不美"、"有美皆备"的真正"美祸"。

国民党当局为了改变经济行将崩溃的局面，还在天津这座工商业大城市大肆征收苛捐杂税，进行五花八门的摊派。以工商业而论，负担的就有营业税、牌照税、印花税、统税、所得税、过分得利税、交易税、娱乐税、筵席税等等，此外，还有城防捐、卫生捐等等，几乎达到了无物不税、无事不捐的程度。有人在天津市面流通的钞票上愤怒地写着："抽税又抽丁，要钱又要命，官儿都括（刮）饱，只苦老百姓。"

当这一切无济于事的时候，国民党当局便靠滥发钞票来维持残局了，结果造成法币猛烈贬值，物价疯狂上涨。其中粮、油、布等人民生活必需品价格上涨最猛，当时天津人民的主食是玉米面，1946年底每斤为260元，到1947年底就上涨到7200元，以致社会上有"黄金窝头，珍珠玉米"之叹。当时的报纸曾以《面价吓死人》为题报道了一则消息：当玉米面涨到每斤 4800 元之时，一名排队购面的老人吓得猝然倒地身亡。到了 1948 年，物价竟是一天数涨，如 6 月 13 日，早晨玉米面每斤 6.8 万元，10 点钟涨到 7 万元，中午涨到 7.2 万元，3 天后涨到 9 万元。法币成了当时世界上最不值钱的纸币，天津《大公报》形容法币的价值时说："煤球昂如元宵价，大便完毕钞票擦"。1948 年 8 月国民党当局又推出了一元折法币 300 万元的金圆券，然而金圆券很快又变成废纸。到 10 月初，天津市民揣着一捆捆金圆券，像潮水一样涌向市内各商业区，不问价钱，不看货色，不讲品种，见什么买什么。布匹、服装、鞋帽抢光了，就买中西药、点心、糖果，甚至连咸萝卜、酱豆腐也被抢购一空。

物价失控不但沉重打击了天津的工商业，而且使群众生活严重恶化。以天津的纺织工人为例，1947 年 3 月时，小厂工人月工资为法币 27 万元，折合玉米面 160 斤；到 6 月时这些工资只折玉米面 112 斤；10 月份工资增加到 45 万元，但只折玉米面 69 斤了；到 1948 年 3 月工资增至 80 万元，仅折玉米面 33 斤。这就是说，一般工人的实际收入只是一年前的1/5。天津的公教人员生活也因物价上涨而难以维持，1948 年 6 月时，天津的烧饼售价为每个法币 2 万元。而一个小学教师的月工资仅为 80 万元，仅能买到 40 个烧饼。空前的经济危机，使天津人民处于饥饿和死亡的边缘，迫使他们团结起来为求生存，为求得天津的新生而斗争。

争取和平民主，反抗国民党统治

抗日战争胜利后，国民党政府的种种倒行逆施，促进了天津人民的新觉醒。中国共产党为了加强对天津民主运动的领导，先后成立了天津工作委员会和中共天津市委，最后统一由冀中区党委城市工作部领导天津的工作。

1945年9月，国民党政府决定对沦陷区中等学校以上的师生员工进行"甄审"，激起了天津广大师生的强烈反对，天津各校学生代表组成了反甄审委员会，不久又在此基础上建立了天津市学生联合会，领导全市学生于12月底举行了请愿和游行示威，最终取得了反甄审斗争的胜利，从此天津学联得到广大学生的拥护，沦陷8年天津沉闷的政治空气也开始被打破了。1946年1月中共中央与国民党政府达成全面停战协议，政治协商会议也同时召开。根据中国共产党的指示，天津学联于1月25日举行了巩固和平大会，会后举行了有2000多人参加的大游行，游行的学生高呼"巩固和平、反对内战！""结束一党专政，拥护联合政府！""撤退驻华美军！"等口号，沿途还散发传单，发表演说，向全市人民揭露国民党的内战阴谋，宣传共产党的主张。不久，国民党公开撕毁政协决议，从6月起，天津反动当局公开镇压学生运动。遵照中国共产党的指示，地下学委开始组织学运骨干向解放区撤退。与此同时，根据地下党"以经济斗争为主、政治斗争为辅"的方针，天津的工人运动也很快发展起来，从1945年11月到1946年6月，共发生大小"工潮"201起。由于组织严密，这些斗争不仅在经济上取得胜利，而且在政治上打击了反动当局，扩大了天津民主运动的基础。

全面内战爆发后，国民党反动派加紧对民主运动进行镇压。然而在中共地下党的领导下，不但工人斗争继续发展，天津的学生也与北平及国民党统治下的其他城市学生一起，掀起了声势浩大的抗议美军暴行运动和反饥饿、反内战运动，形成了与解放战争相配合的第二条战线。

1946年12月，北平发生美军强奸北京大学女学生事件。消息传来，南开大学学生率先起来，要求学生自治会采取行动。12月29日，南开大学和北洋大学开始罢课，还联合发表了告全国同胞书。当时，美国驻华大使司徒雷登正在天津维斯理堂讲道，学生代表赶到那里，向他递交了抗议书。30日，全市学生代表决定成立天津市学生抗议美军暴行联合会。1947年元旦，3000多名大中学生举行抗议美军暴行的游行，并向美军司令部递交了抗议书，在美国兵营张贴了"美军立即回国！"的标语，最后游行队伍到天津市政府请愿，杜建时被迫答应了学生们提出的"美军立即撤退"、"美军当局须向中国道歉"等要求。

1947年5月，天津学生又同全国学生一道，开展了"反饥饿、反内战"运动。当时国统区经济崩溃，导致教育危机，天津各校经费普遍不足，全市102所国民学校仅有 1/3 完好，5 所市立中学全都破烂不堪。南开大学虽然勉强开学，但教职员薪金不足以维持温饱，学生读书没有书，实验没有仪器，每月吃饭只有 3 万元，终日与蔬菜为伍。北洋大学有千余学生，但学校"无煤、停电、缺水，吃饭都成问题，图书仪器要向外国募化"。1947 年 5 月 4 日天津大中学生联合召开大会，纪念"五四"28 周年。会上提出反饥饿、反内战的口号，并准备罢课。在南开和北洋两所大学的带动下，全市大中学生决定于 5 月 20 日联合举行示威游行。5 月 18 日，国民党政府颁布禁令，严禁一切罢课、罢工和示威游行。第二天，南开大学和北洋大学的教师 60 余人发表《告同学书》，表示坚决支持学生的正义行动。5 月 20 日全市学生不顾国民党的禁令，组成庞大的游行队伍，分两路向市政府进发。在行进过程中，突遭特务和军警殴打，学生被迫与特务、军警展开搏斗，结果 60 余名学生受伤、13 人被捕。经过搏斗，被冲散的学生又重新集合起来，奔向市政府，并包围了市长办公室，经过斗争，杜建时答应释放被捕学生，解除对学校的封锁，惩办凶手，赔偿损失，治疗受伤学生和公开道歉。当日，北洋大学教授为受伤学生捐赠药费 300 万元，并向市政府提出抗议。从此天津的学生运动更加蓬勃发展，在 6 月 2 日的反内战运动日，全市学生又举行了总罢课。

　　同年 7 月，根据华北学联的决议，中共天津地下党决定在反饥饿、反内战运动的基础上，利用暑假开展助学运动。为使助学运动取得合法形式，地下党还决定与基督教青年会联合发动。从 8 月中旬开始，助学运动在全市大规模展开，29 个学校的 2000 多名学生组成 20 个分队分别走上街头，用募捐、义卖、义演等方式，在 3 天之中共募集到 36000 万元。经过评审议定，有 1760 名学生得到了助学金。助学运动使广大群众看清了国民党发动内战而造成的社会危机和教育危机。当时《大公报》曾撰文指出："助学运动是一个社会控诉，控诉那些好战成性扼杀教育的人，运动的本质也就是反饥饿、反内战。"

助学运动之后，天津学生又同北平及全国学生一道，参加了反迫害、争自由的运动。天津各校学生代表还到北平，参加了 1948 年平津学生春季大联欢，北平的学生把一面在北京大学民主广场飘扬的"民主旗"献给天津学生，象征着两地学生为争民主、反迫害，同舟共济、联合战斗。此后天津的学生运动持续开展，罢课斗争接连不断，使反动当局胆战心惊。1948 年 8 月 20 日凌晨，国民党军警宪特数百人分别将北洋大学、南开大学、河北工学院等包围，按照黑名单开始对学生实行大逮捕。由于地下党事先做了安排，许多学生领袖已被护送到解放区，原计划逮捕 164 人，实际只捕到 47 人。国民党当局的罪恶行径激起了广大学生的无比愤怒，南开大学在当日就组成了被捕同学营救委员会，北洋大学也于当日上午召开了全体同学大会，决定成立人权保障委员会，开展"一人被捕，全体坐牢"运动。河北工学院、女子师范学院等院校也开展了反迫害斗争。这些斗争使反动当局不敢对被捕学生进行任何处置。到了年底，解放军已将天津包围，反动当局只好将被捕的学生陆续释放。

随着反对国民党统治斗争的不断发展，中共天津地下党的组织也迅速扩大。为配合解放天津，地下党根据上级指示精神，开始加强统一战线的工作，很快使工商界、教育界的人士稳定下来，表示积极与共产党合作。同时天津地下党还花大力组织以工人、学生为骨干的纠察队，以及护厂、护校委员会，开展反南迁的斗争。此外，地下党还通过各种渠道，将有关天津布防等重要军事情报和其他情报及时送到解放区，这一切对于解放天津的战斗和对天津的胜利接管，都起了重要的作用。

 光照史册的天津战役

天津战役是解放战争中三大战役之一的平津战役的重要组成部分。1948 年 11 月辽沈战役结束后，东北野战军分三路开赴华北战场，把近 40 万国民党军队分割包围于北平、天津和塘沽。中央军委原拟先攻占塘沽，迫使平、津守敌放下武器，后因塘沽地面开阔，洼淀密布，不易构筑工事和展开兵力，于是决定首先攻击天津之敌。

天津地形复杂，周围是易守难攻的水网地带，市区又被大河分割，而且从 1947 年起，国民党军队便开始在天津周围构筑了坚固的城防工事。此外，国民党在天津兵力雄厚，驻有 10 个正规师，4 个特种兵团，再加上一些地方部队，总共达 13 万人。1949 年 1 月 2 日，设于杨柳青的中国人民解放军天津前线指挥部召开了作战会议，根据天津市区南北长、东西窄的地理特点，以及河流分布情况、守敌兵力部署情况，制定了"东西对进、拦腰斩断、先南后北、先割后围、各个击破"的作战方针。根据这个方针，从 1 月 3 日到 12 日，中国人民解放军迅速扫清了天津外围的 18 个据点，胜利地完成了攻城的准备工作。与此同时，为了争取和平解放天津的机会，中国人民解放军天津前线指挥部采取了先礼后兵的办法，前后三次要求守敌放下武器，但都遭到了拒绝。

鉴于天津守敌的顽固态度，中国人民解放军于 1 月 14 日上午 10 时发起总攻，东西两路主攻部队先后突破了国民党守军的防线，南路助攻部队也于下午 1 时突破防线。而北路佯攻部队在完成吸引国民党守军主力的任务之后，也开始从西线向市内进攻。结果，解放军先后从东、西、南三个方面打开了 11 个突破口，然后进入市区，展开了激烈的巷战。夜 11 时，解放军先头部队到达金汤桥，占领了位于桥畔的天津警察局，活捉了局长李汉元，并迫使他发出"全局投降"的命令。1 月 15 日凌晨，东西两路主攻部队在金汤桥胜利会师。上午 8 时，解放军攻克了国民党守军最坚固的支撑点——海光寺。10 时，又攻克了国民党守军的指挥机关——天津警备司令部，活捉了司令陈长捷、副司令秋宗鼎，迫使他们向所属部队下达了"立即投降"的命令。同时被活捉的，还有国民党守军副司令、

86 军军长刘云翰，副司令、62 军军长林伟俦。中午 12 时，中国人民解放军攻占了国民党天津市政府，接着东、西、南三路大军在耀华中学会师。到下午 3 时，市内国民党守军均插白旗投降，天津宣告解放。1 月 16 日，国民党天津市市长杜建时也被活捉。

天津战役从发起总攻到胜利结束，只用了 29 个小时，共歼敌 13 万多人，击落飞机两架，还缴获了大批枪、炮、坦克、汽车、马匹等武器或战略物资。

由于中国人民解放军在天津战役中坚决执行了中共中央关于保护人民生命财产的指示，作战之前，详细研究和掌握了中共天津地下党提供的各种敌情材料，在攻打天津的战斗中严格执行纪律，熟练地运用穿插分割的战术，因此在整个战役中，除一家工厂因国民党守军顽抗而被毁外，全市的工厂、学校、街道大都在战斗中保持完好，这在攻坚战的历史上是罕见的。

天津战役的胜利还与周围解放区人民的大力支援，尤其冀中和冀东人民的大力支援是分不开的。他们不仅为解放军提供了大批粮草和其他军需物资，而且还直接参加了运输、抬担架、修路、架线、缝纫、抢救伤员以及押送俘虏等支前任务，从而保证了天津战役的顺利进行。

天津战役教训了那些不愿服从人民意志的国民党军队，只要在战争中负隅顽抗，中国人民解放军就会用"天津方式"，即"用战斗去解决敌人"。天津战役不仅是解放战争中一次重要的攻坚战，而且是促使北平和平解放和解放全华北的关键性战役。

天津虽然是关内最先解放的大城市，但接管工作进行得十分顺利。由于中共中央华北局作了充分的准备，在天津解放的当天，以黄克诚为主任，谭政、黄敬为副主任的中国人民解放军天津区军事管制委员会就正式成立了。同一天，以黄敬为市长、张友渔为副市长的天津市人民政府也宣告成立。当天中午，一批公安干部首先进城，建立了天津市人民政府公安局。接着，中国人民银行天津分行也宣告成立。解放天津的战斗刚刚结束，天津新华广播电台就开始播音。第二天，新华社天津分社成立，并开始发稿。1月17日《天津日报》创刊。从1月15日起，华北局城工部迅速组织大批干部进城，并连夜赶到指定的岗位进行接管工作，到1月27日，接管工作就全部完成了。

在军管会和市政府的直接领导下，天津市的公用事业和交通运输首先恢复。天津解放的当天，即向全市供水，第二天开始局部送电，第三天邮局、电话局恢复营业，电车通车。1月18日，也就是天津解放的第四天，市内公共汽车各线通车。不久，天津至陈官屯的津浦路段通车。2月3日，沈阳铁路局赠送的"天津号"机车行抵天津。次日，也就是北平和平解放的第五天，"天津解放号"专车由天津直驶北平。商业恢复得也很快，天津解放时全市共有私营商业2.4万多家，到1月24日，已有70%的商家复业。在文教系统中，医院复诊最早，到1月18日，全市各大医院基本恢复门诊。与此同时，军管会文教部积极筹划复课，同时拨出大笔款项和粮食，分别借给全市各大专院校及公立中学，以应急需。到 2 月 5 日，全市 394 所大中小学中，有 350 多所正式复课。

天津解放后，全市各界人民热烈欢迎军管会的接管，同时广泛开展了庆祝天津解放的活动。在天津解放的次日，北洋大学、南开大学、河北工学院等高校师生 4000 多人联合举行了盛大的游行，热烈庆祝天津解放。2 月 13 日，全市 14 万人庆祝天津解放，市长黄敬在大会上致词，号召全市人民同心协力克服困难，建设新天津。

至此，自第二次鸦片战争以来，饱受帝国主义、封建主义和官僚资本主义蹂躏的旧天津，终于在中国共产党的领导下回到了人民的怀抱，并为日后社会主义新天津的建设，打下了稳固的基础。

七 近代天津城市的历史地位

 中国北方的经济中心

明清时期，天津虽然号称"蓟北繁华第一城"，但当时的经济中心是首都北京，天津在很大程度上是作为首都的经济辅助城市而存在的。在城市的层序上，天津虽然是"府县同城"（天津府也设在天津县城），但是在开埠以前，和天津处在同一等级上的城市全国也不少。可是在开埠之后情况就不同了，天津城市蕴藏着的经济火花迸发出来，并开始燃烧，只用了半个多世纪的时间（至 20 世纪 30 年代），即取代了北京的经济地位，一跃而成为北方的经济中心。

历史上天津虽是一座港口贸易城市，但腹地范围小，贸易额也很有限。然而在开埠之后，成了世界资本主义市场的一个部分，并很快发展成为北方的贸易大港。进入 20 世纪，天津的港口贸易量年增一年，连外国人也不得不承认这是天津城市"潜在的力量"，"来日的发展自不待言"。到 20 世纪 20 年代末，天津港在全国对外贸易中的地位进一步提高。1930 年时，在上海、天津、大连、汉口、广州五大港口的对外贸易总额中，天津所占还不到9%，可是到了1932年竟上升到13%。其中棉花的出口量1931年只占全国的47%，到1936年达到83%，几乎翻了一番，畜产品出口量占全国的60%以上，居全国各港出口量的第一位，天津港的蛋品出口量也稳居全国第二。进口状况也是如此，这一时期天津的面粉进口量要占全国的1/3以上，同样居第一位。其他如棉布、煤油、木材、染料等的进口，仅次于上海，居第二位。1937年七七事变之前，天津港的进出口总额约占全国的12%，但在华北地区，差不多要占60%，成为北方最大的港口。

天津现代工业体系也是在20世纪30年代形成的。1933年的时候，除了租界以外，全市工厂共有1200多家，约占全国12大城市的13%。其中纺织厂有680多家，机器制造170家，其次为化学、食品、建筑、造纸、印刷等，年工业生产总值达到7430万元；在沿海六大城市中，工业投资总额低于上海，占全国第二位。当时，全市各种企业工人共有20多万人，天津工业发展已经达到前所未有的高峰。

天津不仅在进出口贸易和工业生产方面在北方居第一位，商业方面也是北方的中心。据统计，1931年全市8个区共有商贸行业128个，商店17000多家。当时，天津商业的腹地是华北、西北和东北三个地区，也是这三个地区的物资集散中心。

与物资集散关系极为密切的是以天津为中心的水陆交通体系的形成。天津港不但有轮船通往中国南北各港口和世界各大港口，并有铁路沟通北方和全国各地。20世纪30年代，以天津为中心的公路运输网和以海河流域为骨架的内河运输网也发挥出至关重要的作用。

进出口贸易和工商业的发展，又促进了天津金融业的发展。天津传统的金融业虽然发展较早，第一家近代式的华资银行——中国通商银行在19世纪末就建立了。可是直到20世纪20年代以后，由中国人自己经营的金融业才在天津大规模地发展起来。例如，资金雄厚的金城银行、大陆银行、中国盐业银行、中孚银行、大中银行等先后在天津开业，这显然与天津在全国的经济地位迅速提高有密切关系。当时盐业与中南两家银行的总行虽然分设在北京和上海，但两家银行的股东多半是居住在天津的官僚、军阀，而且经营的重点也是天津，所以盐业、中南与金城、大陆并称为"北四行"。它们的金融实力可同总行设在上海的浙江实业银行、兴业银行和商业储蓄银行等"南三行"相比，因此并称为中国南北两大金融集团。当时，全国有20多家著名的银行都先后来天津开设了分行，天津的许多银行也在全国各地建立了分支机构。天津传统的钱庄与票号这时也得到空前的发展。20世纪30年代，天津的银号总数竟占北平（北京）、天津、济南、青岛四大城市的一半以上，而资金总额更占到2/3。在以天津为中心的金融网络中，钱庄、票号也具有不容忽视的巨大作用。这时的天津，不仅是全国第二大港和工商业城市，也是仅次于上海的全国第二大金融中心，是全国金融业最发达、最繁荣的城市之一。

天津的经济中心作用，还表现在城市的繁华区不断发展和扩大。开埠前后，城市的繁华区在以天后宫为中心的宫南、宫北大街，以及北门外的北大关一带。因为这一带是海河与南运河的停泊码头。宫南、宫北大街集中了天津众多的银号、钱庄以及土产杂货、竹木制品、纸张文具等商店，而北大关一带多半集中了金店、银楼、首饰店、饭庄、茶叶店、海货店、杂货店、绸缎庄、皮货店、百货店、鞋帽店、茶点铺、南味店、药店、鱼行、鸡鸭行和钟表店等。北大关以南的北门里大街，以北的河北大街，以及北大关以东和以西的针市街、锅店街、估衣街、竹竿巷也都是商店集中的地方。当时各帮商人如闽粤潮帮、宁波帮、山西帮、山东帮以及南宫冀州帮都在这一带修建自己的会馆。因此在 20 世纪 20 年代前后，这里从早到晚车水马龙，熙熙攘攘，游人和顾客摩肩接踵，终日不绝。

可是在 20 世纪 20 年代之后，一方面由于国内的军阀混战不断殃及天津，另一方面由于以内河港为依托的英、法、日等租界相继发展起来，租界内人口激增，这样，天津的商业中心便开始向日租界、法租界和英租界发展。著名的金店、绸缎庄迁到日租界的旭街（今和平路）一带，著名的茶叶店、药店、鞋帽店先后迁到法租界的梨栈（今劝业场附近），而钱庄和票号多半迁往法租界的葛公使路（今滨江道，用第二次鸦片战争中法国侵略军的头子葛罗命名）和 7 月 14 日路（今长春道）的杨福荫路、四德里一带。

与此同时，在南门外以东、与日租界相邻的南市地方，形成了一个大众化的消费中心，这就是与北京天桥齐名的"三不管"。这里集中了电影院、戏院、书馆、饭馆、旅馆、澡堂、妓院以及各地艺人所设的各种地摊。因为这块地方当时的天津县不管、租界不管、地方（居民区的基层管理人员）也不管，因此被称为"三不管"。

由于天津的商业中心陆续转移到法租界的梨栈一带，因此这里的土地价格猛涨。20世纪初，梨栈一带的土地不过三四十两白银1亩。而到了20世纪20年代以后这里的土地每亩竟涨到1万两至2万余两。

从20世纪20年代初开始，这里的大型建筑不断崛起。1923年国民饭店建成。1926年天祥市场建成开业，压倒了当时天津最大的商场北海楼。同年基泰大楼（今滨江旅馆）落成，天津最豪华的浴池华清池开业。1927年天祥市场对面的泰康商场也建成开业。在梨栈大街十字路口，1925年浙江兴业银行落成。第二年惠中饭店落成。1928年交通旅馆和华北地区规模最大的综合性商场劝业场同时落成开业。劝业商场地居法租界的中心，楼高七层，仿照上海大世界的规模，场地宽阔。场内高悬四字联句"劝吾同胞、业精于勤、商务发达、场益增新"，如果各取每句的第一个字，就是"劝业商场"。1935年天津市最高的建筑物渤海大楼建成。1936年坐落于梨栈天增里附近的中国大戏院建成。中国大戏院也是当时华北地区规模最大、设备最新的戏院，开幕时许多京剧名角来这里连台演出，场场客满。劝业场附近的光明电影院，是当时华北地区规模最大、设备最先进的电影院。20世纪30年代是劝业场一带的形成时期，除了著名的商场和商店之外，这里集中了近60家影剧院、饭馆、舞厅和浴池，这种景象在全国其他城市也是少见的。天津城市的迅速繁荣，反映了天津作为中心城市财富的集中、人口的集中和经济实力的集中，也反映了天津作为我国北方经济中心的特定地位这时已经形成。

 ## 实施近代教育的先驱

天津开埠以后很快发展成我国实施近代教育的先驱城市。开埠之初，外国的教会在天津设立了一些学校，但大半是读圣经的，只有个别课程属于西方近代教育的范畴。近代教育虽然开始传入天津，但多数人还是认为只有传统的教育方式，才是培养孩子的"正途"。因此，随着城市的发展，官办和民办的旧式学校如书院、私塾等大量出现。到了19世纪末和20世纪初，中国传统的教育制度再也不能适应社会发展的需要了，天津作为传播近代西方文明的窗口，率先办起了新式教育，并且成为中国新式教育创办最早和最发达的城市。

天津最早出现的以西方初等和中等学校教材为主要讲授内容的学校，是新学书院。这所学校的前身是基督教伦敦会于1864年（同治三年）创办的养正书院，后来养正书院迁到北京（即北京汇文中学的前身），伦敦会又在这里办起了新学书院。20世纪初期改名为新学中学，这所学校一直延续到 1949 年之后。但这所学校毕竟是教会所属。天津最早的一所不带宗教色彩的近代式学校，要算传教士丁家立在英租界开办的中西书院了。丁家立是美国人，神学硕士，来中国后，先在山西传教，不久来到天津，担任美国驻津领事馆的秘书。后来他改行专门从事教育，开办中西书院，并且专门招收了一批官僚买办的子弟，如李鸿章的儿子和孙子都曾在这所学校读书，因而在当时很有一些影响。

继中西书院之后出现的近代学校，是天津海关税务司德璀琳在 1887 年（光绪十三年）创办的博文书院中西学堂，英文校名是丁家立书院。后来因为学校经费问题得不到解决，新落成的校舍只好押给德华银行。盛宣怀出任天津海关道以后，打算把博文书院继续办下去，并且聘请了丁家立主持校务，不久又因甲午战争爆发而使这件事搁浅。中日甲午战争以后，社会上许多人都有感旧教育制度的腐朽，主张像日本那样学习西方。在这种思潮的推动下，盛宣怀要求直隶总督王文韶转奏清王朝，利用博文书院原来的校舍，开办天津北洋西学学堂。1895 年（光绪二十一年）10 月 2 日得到光绪皇帝的批准，后来该校便以这一天作为校庆日。天津北洋西学学堂以美国学制为模式，设有法科、矿山科、土木科、机械科等，无论在功课设置、教学内容、教学方法，还是在学制的采用上，都有别于以前建立的各类新式学堂，是中国近代教育史上第一所新式的大学。第二年天津北洋西学学堂改名为北洋大学堂。设有本科及预科，学制均为 4 年。1898 年（光绪二十四年）培养出第一届毕业生。从教学水平及教学效果来看，当时北洋大学头等学堂的毕业生不需经过考试，就可直接进入美国著名大学的研究院。因此，北洋大学还是中国一所具有相当高教学水平的大学。八国联军占领天津期间，该校舍被德军改为医院，校址也被划入德租界。后来，经过清王朝批准，把学校迁到被八国联军破坏的西沽武库旧址。直到 1949 年以后，经过院系调整，北洋大学改名为天津大学。

义和团运动之后，天津一部分有识之士为了改变中国的愚昧落后状况，决心抛弃旧的教育方法，创办新式学堂。1901 年（光绪二十七年）稽古书院首先改为普通学堂，一切制度由传教士丁家立按照西方办法代为安排。后来，这所学校交给天津府管理，随后正式定名为天津府官立中学堂，成为天津地方政府设立的第一所学堂。后来，这所中学发展为有名的铃铛阁中学。不过直到 1905 年（光绪三十一年）科举制度废除后，天津的各级学堂才大量出现。

1903 年（光绪二十九年）天津著名教育家严修创办了民立第一和第二小学堂，这是天津创设私立小学的开始。同年，天津官立的男小学和女小学共 20 多所也同时建立起来。翌年由严修出资，著名教育家张伯苓主持，又创立了敬业中学堂，成为天津最早建立的私立中学。1907 年（光绪三十三年）学校迁往旧城西南角外，因为地处南开，故改名为南开中学。到 1917年的时候，南开中学已经发展到 1000 多名学生，成为当时天津规模最大的中学。

1906 年（光绪三十二年）天津建立了专门负责推广近代教育的机构劝学所，所内设有劝学员，经常去天津县管辖的各大乡镇宣传建立近代学校的好处，并且帮助各乡镇建立起一批小学堂。这个机构后来发展成为天津县教育局。在 20 世纪初，由于各级官吏的积极提倡和地方人士的大力支持，用了不到 10 年的时间，天津各级各类学堂基本上都建立起来了。不但层次完整，而且门类齐全。比如，在高等学堂和中等学堂中，除了普通的中学之外，还有工业、农业、水产、军事、医学、政法、外语、音乐、体操、师范和女子学堂等等，其中设在新开河北岸的法政专门学堂是中国建立最早的政法学校，也是中国北方政治运动中心，革命先驱李大钊就是这个学校的学生。在各级师范学堂中，有培养小学堂师资的初级师范，也有培养中学堂师资的中级师范，还有为直隶（今河北）、山东、山西、河南及东三省培养师资的北洋师范学堂。而且各级师范学堂都附设有小学堂，作为师范学生进行教学实习的地方。随着中小学堂的纷纷设立，天津还出现了一批民办的社会教育机构，如，利用工余时间经常向群众宣讲时事的宣讲所，免费为群众提供杂志、报纸的阅报处，另外，还在河北公园设立了公共图书馆。

中国最早的汉字拼音方案和推广这个方案的学校，也是这个时候在天津出现的。当时，语言学家王照在天津仿照日本的假名编制出中国最早的普通话拼音方案《官话合声字母》，为了推广普通话和这个拼音方案，1904 年（光绪三十年）天津设立了简字学堂。

为使天津的教育事业尽快地向世界靠近，各级学堂分别参照国外最好的教学和管理制度建立自己的规制。比如大学堂多采用美国学制，中学堂多半仿照英国学制，小学堂和幼稚园（当时叫蒙养院）多半仿照日本学制。中等学堂以上的师资，多半从外地或外国聘请。小学堂的教师，多半是科举时代的旧知识分子，其中一部分人还要送到日本宏文书院进修一年，以提高教学质量。各宣讲所的宣讲员，多半由小学堂的教师担任。当时，天津学堂林立，成效显著，在中国各通商口岸中居于领先的地位。

辛亥革命以后，严修和张伯苓决心创办大学教育。1917 年在南开中学南面，修建了大学部讲堂，分设文、理、商三科，后来把各科都改称为学院，从 9 月 25 日起开始上课。10 月 17 日召开了南开学校大学部成立大会，从此以后，南开学校大学部便把这一天作为校庆日。1921 年迁往八里台新址，并正式改称南开大学。南开学校大学部的成立，是继 1912 年成立的武昌中华大学、1913 年成立的北京中国大学和朝阳大学之后，中国第四所私立大学。

20 世纪 20 年代，直隶一省无论是在中小学校的学生总数方面，还是在高等专门学校的学生总数方面，都在全国居第一位。这种状况，与 20 世纪初期天津近代教育的迅速发展有着密切关系。

推广先进科技的基地

天津作为一个沿海开放大城市，自觉运用西方的科学技术，发展本民族的科学技术，并且成为研究和推广先进科学技术的基地，可以说是开埠以后的事情。

近代天津第一位值得我们纪念的科学家便是华蘅芳。华蘅芳，江苏无锡人，精通数学。上海开埠后，西方科学知识不断传入，华蘅芳来到上海积极学习这些先进的知识，并进行科学试验。他曾用水晶石自磨三棱镜分析光谱，还到靶场亲自测量枪弹的抛物线，并协助另一名科学家徐寿制造出我国第一艘轮船"黄鹄"号，此外，还翻译了有关算学和地质书籍多种。其间，他受聘到天津机器局指导枪支弹药的生产。一次清王朝驻德国使馆买回一台最新测试子弹速度的仪器，但没有人会用，华蘅芳经过研究很快就掌握了这台仪器的用法。不久，华蘅芳又到天津武备学堂任教。当时学堂的一名德国教习，购到一枚中法战争时用作军事瞭望的废氢气球，自视为珍奇。学校负责人想让这位德国教习把氢气球的制造和使用方法教给学员，可是这位教习却秘不示人。华蘅芳得知这件事后，立刻组织工匠自制了一枚直径5尺的小气球，然后用锂水制成氢气灌入球中，当场演放升空，使学员们受到极大鼓舞。那位德国教习为了保住饭碗，不得不老老实实把氢气球的技术公开。华蘅芳不但用自己的聪明才智为中国人争了气，而且这枚氢气球也是近代中国人自己制造的第一枚氢气球。

　　天津近代科学技术的发展，还与天津近代工业的发达密不可分。自20世纪初期以后，天津已逐渐发展成为中国北方的纺织、面粉、机器制造和烟草工业的中心。这时，一批具有爱国精神的有识之士和留学归来的莘莘学子，看到天津在海洋化工方面蕴藏着巨大的潜力，纷纷来到天津。1914年中国化学工业的先驱，著名实业家范旭东首先在塘沽创办了久大盐业公司，专门制造精盐，从而掀开了中国制盐技术史上新的一页。从此，各地出现了十几家精盐工厂，使精盐技术在全国各地普遍推广。与此同时范旭东还筹办了全国第一个私立的化学研究机构——黄海化学工业研究社，为开创我国的海洋化工事业做出了积极的贡献。1917年范旭东等人创建了我国最早最大的制碱企业——永利制碱公司，这家公司也是亚洲第一家专门制造纯碱的工业企业。在这个基础上，范旭东又在1919年创办了永利碱厂，聘请留美的化学博士侯德榜主持全厂的技术工作。当时，先进的苏尔维制碱法被英国皇家化学工业公司——卜内门公司严密封锁，经过侯德榜等人的艰苦努力，几年之后，永利碱厂终于掌握了苏尔维制碱法的全部工艺流程，所制纯碱品质优良，可与卜内门公司的纯碱相媲美。永利纯碱采用"红三角"作为商标，三角中间有一只化工试验用的坩埚，表示中国化学工业的诞生与兴起。1920年8月"红三角"牌纯碱参加了美国建国150周年在费城举行的万国博览会，获得了金奖。从此，"红三角"纯碱名声大振，中国纯碱市场有 50% 被"红三角"夺回，连不可一世的卜内门公司也成了永利碱厂在日的代理商。

化工专家侯德榜不但领导设计和建成了永利碱厂，而且在 1931 年用英文写成了《制碱》一书，把苏尔维制碱法的全部工艺流程公之于众，这本书风行世界，为中国的科技界赢得了荣誉。20 世纪 40 年代初，侯德榜又成功地把苏尔维制碱法和制氮工艺有机地结合起来，发明了"侯氏联合制碱法"，从而打破了 1862 年以来比利时苏尔维兄弟和德国查恩制碱法对世界化学工业的统治。这项先进的制碱技术很快推广到国外，开创了天津借鉴国外先进技术加以消化吸收，然后再改革创新输出到国外的先河。侯氏制碱法在国际上引起了强烈的反响，中国的化学工业率先由天津登上世界舞台。此外，中国第一台飞机发动机、第一辆国产三轮汽车，也都是在天津首先诞生的。

1934 年南京国民党政府军政部航空署拨给北洋工学院一架费克·沃尔夫（Foek Wolf）飞机，要求学校研究仿制，最后，这一任务交给机械系承担。经过反复钻研，他们克服了材料上的困难，用轻金属合金逐一制造零件，然后在原发动机上逐个进行替换试验，最后整个发动机制造成功，试验结果完全符合要求。就在飞机发动机制成不久，日本帝国主义制造了卢沟桥事变，北平和天津相继陷落，这项富有开创意义的成果最终不能得到推广。

抗日战争胜利之后，日本人在天津建立的丰田自动车北支株式会社配件制造厂被国民党政府公路局派

人接收，改名为汽车修配总厂天津汽车制配厂。抗日
战争的胜利，给了全厂工人和技术人员很大鼓舞，他
们认为厂内设备能力比较完备。于是克服了重重阻力，
决定先试制体积小、结构简单适合短途或市内客货运
输汽车，为中国的汽车制造业打下基础。当时厂内有
几辆日本人留下的大发（Diabouz）牌三轮货车，技术
人员便以这种货车做参考，把车身改为六座客车。从
1946 年初开始，前后用了三个多月的时间，绘制了
900 多张图纸，完成了设计工作。全车零件约 1100 多
件，在试制过程中，工人和技术人员克服了一个又一
个困难，终于使样车达到了预定要求。1946 年 6 月底，
中国第一辆三轮汽车试制成功，10 月初又制成新车 10
辆，其中客车 9 辆、货车 1 辆，定名为飞鹰牌。这 10
部新车制成后，天津汽车配件厂举行了记者招待会，
会后又请记者乘车在市内主要街道试行，随后全国各
大报纸都发表了消息，电台也不断广播。一家报纸还
发社论说：在接收就是"劫收"，贪污腐化、营私舞
弊，全国一片漆黑的时候，天津汽车配件厂却在万难
之中埋头苦干，制造出国产三轮汽车，这是史无前例
的创举，是黑暗中的明光点点。这 10 部车在天津街道
试车的时候，只要车一停就被群众包围，亲切地问长
问短，希望今后能大量生产，改变国家落后面貌。一
些工厂和商店也前来询问，希望能买到一辆。消息还
传到国外，纽约的《华侨日报》赞扬了中国在落后情
况下制成三轮汽车的举动，并描述了海外侨胞的喜悦
心情。工厂还收到海外爱国同胞的几十封来信，鼓励

他们再接再厉，早日制成四轮汽车。10 月中旬，这 10 部三轮汽车开到北平，在街道行驶时，同样受到群众的热情欢迎和赞扬。开到颐和园时，电影摄影记者还拍摄了一部简短的新闻纪录片。1946 年底，这 10 部新车又开到国民党政府的所在地南京。当时国民党正忙于打内战，根本不关心国家的科学技术发展，结果处处遭到国民党党政要人的冷遇。但是，全厂的工人和技术人员并不气馁，他们又设法生产了 60 辆。然而随着国民党统治的逐渐崩溃，物价飞涨，民不聊生，这一创举竟无法继续下去。直到新中国成立以后，天津的汽车工业才得到新生。

培植通俗文化的摇篮

　　天津不仅是近代发展起来的工商业和港口贸易城市，而且还是一座历史文化名城。开埠以后，天津城市迅速发展成长，一方面，西方文化通过这个"窗口"传播进来，另一方面，适应一般城市居民生活水平和欣赏水平，富有民间色彩的通俗文化获得空前发展。天津不但是白话小说、新剧（话剧）和中国北方三大剧种——京、评、梆的摇篮，而且还是什样杂耍和多种民间工艺的发祥地，涌现出一大批著名的表演艺术家，在中国近代文化史上，天津同样占有不容忽视的地位。

　　20 世纪以前，天津的报纸多半是租界里的外国人所办，如天津海关税务司德璀琳在租界创办了天津第一份报纸《中国日报》，后来又创办了天津第一份中文报纸《时报》。其后著名《京津泰晤士报》创刊，最初为周刊，不久又改为日刊。在天津，由中国人自己办的报纸，最早而又最有名的应属1897年（光绪二十三年）严复等人创办的《国闻报》。因为《国闻报》鼓吹维新变法，所以在戊戌政变之后便被迫停刊了。1902年（光绪二十八年）天津又出现了一份名震全国的报纸，这就是英敛之创办的《大公报》，创刊的当天就发行了3800份，3个月后发行量高达5000份，一举成为华北地区最为引人注目的报纸。到新中国成立之前，《大公报》连续出版了47年，新中国成立后，《大公报》迁往北京，直到1957年才因报刊调整而停刊。但是香港《大公报》至今仍然继续出版，因此，天津《大公报》可以说是我国报纸中报龄最长的一个。

　　1915年，天主教天津教区副主教雷鸣远创办了一份声名、地位仅次于《大公报》的《益世报》，当时正值老西开事件发生，《益世报》能站在中国的立场上，积极报道和热情支持天津人民的反抗斗争，抨击法国的侵略行为，因而给人们留下了良好的印象，销路因此大增。抗日战争爆发后，《益世报》先后迁到昆明、重庆等地出版。

　　五四运动以后。天津还有两份报纸值得一提。一份是著名教育家马千里在1920年创办的《新民意报》，这份报纸设有"星火"、"明日"、"觉邮"等副刊，经常发表宣传马列主义、揭露帝国主义侵略和抨击北洋军阀祸国殃民的文章。周恩来的《警厅拘留记》和《检厅日录》都是由这家报纸逐日刊登，并刊印了单行本，遂使这两部革命文献得以保存的。另一份是进步新闻工作者周拂尘经营的《华北新闻》，第一次国共合作期间，我党曾利用这份报纸宣传统一战线，进行革命鼓动工作，后来，这两份报纸的编辑部都成了中共地下党进行秘密活动的据点。

20世纪30年代是天津新闻业发展最快和最活跃的时期。当时天津有各种中文报纸58种，其中31种报纸的日发行量高达25万份，每天流通在市内的有18万多份，按有阅读能力的人平均，每2.5个人就有一份报纸。同一时期，天津的中文通讯社有20家，外国通讯社有6家。天津各报社和通讯社在全国11个城市派有通讯员或有新闻通讯往来，天津开始成为华北地区的新闻中心。

近代天津的文学创作。多半偏重在通俗文学方面。其中有两位作家值得一提，即宫白羽和刘云若。宫白羽（1899～1966）原籍山东，生于青县马厂。青年时期到北京读书，受到五四运动的影响，思想进步，后来结识了鲁迅先生，在文艺理论、文艺创作和文学翻译方面都受到过鲁迅先生的指点。20世纪20年代初，宫白羽开始了创作生涯，他的第一部武侠小说名为《黄花劫》，后与郑证因合作写了《十二金钱镖》上半部，又独立完成了该书的下半部。此外，还有《武林争雄记》、《血涤寒光剑》、《偷拳》等等，几年之间有上千万字的作品问世，成为北方有名的武侠小说作家。其实，宫白羽创作武侠小说完全是为生活所迫，他一生以写武侠自愧。当时宫白羽只要有饭吃，便不想写这类书。由此可见，在旧制度下，一个极富才华的作家，并没有真正的创作的自由，只有在被社会所扭曲、所摧残的情况下，才能找到一线生路。

刘云若（1904～1951）天津人，青年时曾任报刊编辑，处女作是《春风回梦记》，受到读者欢迎。此后专写社会言情小说，而且大都以天津为背景，代表作有《红杏出墙记》、《旧巷斜阳》、《粉墨争瑟》、《小扬州志》等20多种。刘云若文思敏捷、才气纵横，极富创作天才，能同时写三四部小说。他的创作方法，多借鉴于英国作家狄更斯，而在语言上，又继承了中国古典白话小说的传统。刘云若的小说有坚固的现实基础，而且富有地方特色，自成一派，刘云若许多作品都可以看成是当时天津社会的历史缩影。

天津开埠以后，西方的戏剧首先在租界中出现了。租界的侨民组织工余剧团，在冬季封港期间经常演出一些话剧或哑剧。1888年（光绪十四年）英国汉弥尔歌剧团公司到英租界兰心戏院演出，这是最早到达中国北方的外国职业剧团。后来西方戏剧形式逐渐被中国人采用，当时叫做新剧。1909年（宣统元年）革命党人王钟声把新剧带到天津，非常受群众欢迎。就在这一年，南开学校校长张伯苓首先在学校里成立了南开剧团，并演出了他自编、自导、自演的《用非所学》。这个话剧虽然比我国最早的话剧团体春柳社在日本东京首次演出话剧《黑奴吁天录》晚了一年半的时间，但比春柳社在国内的正式演出却提前了5年。1916年留美学生张彭春来南开学校任教，并且担任了南开新剧团的副团长及导演。先后演出了 20 多个自编的剧目。当时周恩来正在南开学校读书，课余积极参加新剧的创作和演出，成为剧团的骨干力量。后来南开新剧团又演出了易卜生、莫里哀、王尔德、果戈理等人创作的世界名剧，轰动一时。南开新剧团演出易卜生的《傀儡家庭》时，正在学校读书的曹禺扮演了剧中女主人公那拉。在张彭春及南开新剧团的影响下，曹禺走上了话剧创作的道路，成为一代名家。1934 年，曹禺创作的以天津的生活为素材的名剧《雷雨》和《日出》先后发表，第二年天津市立师范学校的孤松剧团在国内首次公演《雷雨》，获得极大成功，轰动全国。接着，天津的鹦鹉剧团和东方旅行剧团又演出了夏衍的《赛金花》和曹禺的《日出》，引起强烈反响。从此，天津的话剧观众与日俱增，天津在中国话剧发展过程中的地位也大大提高。不少剧团陆续来天津演出，许多著名的导演和演员如焦菊隐、黄佐临、沈浮、谢添、梅阡、石羽、夏淳、周楚、梅熹等，当初都是在天津从事业余话剧活动取得成绩，后来走上专业道路而驰名全国的。总之，近代天津在中国话剧发展史上占有相当的地位。

京剧虽然形成于北京，但是近代天津却对京剧的发展起了举足轻重的作用。天津不仅是许多杰出的京剧表演艺术家经常登台献艺的地方，而且造就了一批著名的京剧流派演员，影响遍及全国。据记载，19 世纪初，京剧已经在天津广泛流传。四家经常上演京剧的剧场——金声、庆芳、协盛、袭盛——被称为"四大名园"。京剧第一代名伶余三胜经常来天津演出，最后病故于天津。当时天津还有一批高水平的京剧爱好者——票友，他们有些人后来成为著名演员，如名丑刘赶三、京剧须生三大流派之一的孙派创始人孙菊仙，都是票友出身。许多著名演员，如须生鼻祖王鸿寿、名武生杨小楼、名须生余叔岩（小小余三胜）、南派生行泰斗孙恒春，都是先在天津唱红，以后才回到北京，或扎根到全国各地。京剧最初进入上海也是通过天津。19世纪60年代上海建起了仿京式的戏园"满庭芳"，而后派人到天津邀请演员和置办戏装，从此上海才有了经常性的京剧演出。到了20世纪20年代之后，随着城市经济的日益繁荣，天津不但建起了一批设备优良的剧场，而且培育出一批极具热情和高欣赏水平的观众，因此各派著名演员不断来天津演出。培养京剧演员的科班稽古社这时也在天津出现了，其成绩虽不能与富连成相比，但是造就的人才也很可观。当时京剧界有"北京学戏、天津唱红、上海赚钱"的说法，这在一定意义上正代表了天津在京剧发展史上的特殊地位。

评戏是20世纪初期以后在天津发展和形成的一个新剧种。原本起源于京东一带的对口落子，后来一批演员常年在唐山为煤矿工人演出，逐渐形成了唐山落子和奉天落子两大支。清末民初，民间艺人金不换等组班来天津演出，由于曲调新颖，形式活泼，很受下层社会、尤其是妇女们的欢迎。大约在1915年前后，由著名剧作家、评戏艺人成兆才率领的"庆春平腔梆子戏"班来天津演出，这一富有生活气息的剧种大受天津观众的青睐，评戏之名也因为"平腔"二字形成。由于评戏能在天津打响和立足，并与京剧、梆子鼎足三分，这就为日后评戏走进北京、走向全国创造了条件。此后，评戏在天津名家辈出，流派纷呈，尤其是一批著名女演员像李金顺、花莲舫、刘翠霞、爱莲君、白玉霜、喜彩莲等人的出现，竟把评戏推向了黄金时代。1936年白玉霜率班由天津去上海演出，引起轰动。著名剧作家欧阳予倩、田汉、洪深等人都在报纸上发表文章，赞扬白玉霜的表演艺术，并且把她誉为"评剧皇后"。在洪深支持下，白玉霜还在上海拍摄了中国第一部评戏电影《海棠红》。

河北梆子虽然很古老，但在近代以前只是在农村中流行，天津开埠以后，不少河北梆子演员来到天津，逐渐形成了以普通话为基础，表演细腻、讲求唱功华丽的卫派梆子。经过许多著名艺人的不断创新、卫派梆子竟成了河北梆子的正宗，不但风靡天津，而且进入北京，甚至冲击了实力雄厚的京剧，许多剧场京、梆合演，俗称"两下锅"。卫派梆子还出了一批著名的演员像银达子、小元元红、小香水、金钢钻、刘喜奎等，受到当时戏剧界的高度评价。此后，卫派梆子又传播到山东、东北，并影响到江南。近代天津对河北梆子的改造和振兴作用，也有着不可磨灭的功绩。

近代天津还是我国北方曲艺之乡。由于城市下层观众的欢迎，天津曾经是北方说唱艺人演出场地最多的城市。一批专门演出曲艺的书茶馆老板，为使那些收入低微的观众花很少钱就能看到不同门类的演出，创编出"什样杂耍"这一演出形式。这就是在一个园子的一个场次，可以看到以说唱艺术为主的相声、大鼓、戏法、口技等多种表演，后来"什样杂耍"成为天津曲艺表演的特色。由于曲艺艺术能在天津的观众之中扎根，所以近代天津曲艺名家荟萃，无论是土生土长的天津时调、还是外来的京韵大鼓、梅花大鼓、梨花大鼓、坠子、单弦、评书、相声只要一到天津演出，不但可以站稳脚跟，而且可以发扬光大。由于各地艺人群集天津，无形中形成了强烈的艺术竞争，能在天津站住脚的艺人，多半是其中的佼佼者。而大批优秀艺人的长期演出，又培养出天津观众对曲艺很强的鉴别能力。著名相声表演艺术家侯宝林说过："谁都知道天津这个地方最难演出，过去曲艺界有两句话，北京是'出处'，天津是'聚处'……天津聚集了那么多名演员，你在天津能不能站住脚是个问题。你要在天津站不住脚，那你就甭想到江南去，因为江南的角儿都到天津来约；你要是在天津能站住脚，挂上号，那你这个演员就算行了。"

近代天津是中国北方对外开放的码头，杂耍中一些表演艺术，像古彩戏法，更由天津传到了国外，国外的魔术也通过天津传到国内。如杨柳青艺人朱连奎，在20世纪20年代就出国参加美国马戏团表演中国戏法，他的高超演技轰动欧美，许多外国魔术家纷起仿效，至今国外魔术界熟知的金陵福，就是朱连奎在国外的艺名。天津另一名技艺高超的古彩戏法艺人韩秉

153

谦，在清末曾参加南洋劝业会的演出，取得荣誉，受到清王朝的奖励，赏穿官服。后来，他出国就穿这套官服表演，10 余年间走遍欧美 19 个国家，很受各国欢迎。在国外时韩秉谦还系统学习西洋魔术，购回许多道具，成为中西魔术交流的使者，他的许多门徒也都成为近代著名魔术家。天津另一名老艺人穆文庆，专门钻研东洋戏法，号称"大天一"，组有相当规模的演出团体。所以近代天津在中国曲艺史上的地位也是不容忽视的。

天津的民间工艺独具一格，在全国久享盛誉。杨柳青年画是天津民间艺术品中最负盛名的一种。杨柳青在天津城西 20 公里，本为一水木明瑟、颇具江南水乡风味的小镇。杨柳青年画约兴起于明代，至清代中期以后兴盛起来，镇上家家户户均以制作年画为业。年画的做法是先用木版雕出画面的线纹，用墨印在纸上，再用彩笔填绘。画面精致绚丽，独具一格。年画内容多半是历史故事、戏曲、仕女、娃娃等吉祥喜庆的题材，深受群众欢迎。近代以后，许多年画还针对当时的社会现实增加了反映广大群众反侵略反压迫斗争和歌颂新事物的内容。像《太平天国北伐图》、《欢迎太平军》、《火烧望海楼》、《义和团大破西兵》、《南北统一》、《男女平等》等等。杨柳青年画每年大批销售到北方各地，与南方著名的苏州桃花坞年画并称为"南桃北柳"。

泥人张彩塑，也是天津民间工艺中的珍品。泥人张的第一代创始人叫张明山（1826～1906），幼承家传，从 13 岁开始练习泥塑工艺，经过成年累月地揣摩和实践，终于练出一手惊人的泥塑技术，只需与人对面坐谈，就能用泥捏出这个人的形象，神形毕肖、栩栩如生。张明山的泥塑题材广泛，有的取材于戏曲故事，有的取材于文学作品、神话传说；有的取材于天津地方风俗。这些泥塑人像，小的只一寸左右，大的可与真人相仿。张明山的泥塑在 19 世纪末已享誉世界，多次在国际展览会上获奖。外国人用高价收买张明山的作品，藏于博物馆中。当时有人把他比作法国的著名雕塑家罗丹。

近代天津蜚声国内外的工艺品还有风筝魏的风筝。风筝魏的创始人魏元泰（1872～1961）出身于扎彩铺的学徒，青年时即长于扎制各种风筝，并且能在传统工艺的基础上不断创新。不但造型多样，而且折叠自如，他能将一丈多长的风筝，折叠后放在一尺见方的纸盒里，在风筝史上自成一家。魏元泰的风筝远销世界各国，1916 年在美国举行的巴拿马国际赛会上，曾获得金牌奖章和奖状。他的一些传世之作，至今仍被保存在博物馆中。

天津是我们伟大祖国的历史文化名城之一，天津的历史是中国历史、尤其是中国近代历史的重要组成部分。1949 年以后，特别是中国共产党十一届三中全会之后，经过拨乱反正，对于天津城市的性质和发展方向，有了进一步的认识。中国共产党的十二大向全党全国提出了 20 世纪末的奋斗目标后，天津人民决心在党的领导下再创辉煌。到 2000 年天津城市的发展战略是：把天津建设成为具有先进技术的综合性工业基地，开放型的经济中心和现代化的国际性的港口城市，只要我们坚持党的基本路线，不断深化改革、开放，一个繁荣、昌盛、文明、美丽的社会主义新天津，将以更加雄浑的姿态，昂然奋起于海河两岸、渤海之滨。

参考书目

1. 天津社会科学院历史研究所《天津简史》编写组编《天津简史》，天津人民出版社，1987。

2. 罗澍伟主编《沽上春秋》，天津教育出版社，1994。

3. 罗澍伟主编《近代天津城市史》，中国社会科学出版社，1993。

4. 董坤靖等主编《天津通览》，人民日报出版社，1988。

5. 南炳文：《天津史话》，中华书局，1984。

6. 罗澍伟等：《天津历史》，天津教育出版社，1989。

7. 天津文物管理处编《津门考古》，天津人民出版社，1982。

8. 廖永武：《天津现代革命运动史》，天津人民出版社，1985。

9. 天津市政协文史资料研究委员会编《天津——一个城市的崛起》，天津人民出版社，1990。

10. 刘泽华主编《天津文化概况》，天津社会科学院出版社，1990。

《中国史话》总目录

系列名	序号	书名	作者
物质文明系列（10种）	1	农业科技史话	李根蟠
	2	水利史话	郭松义
	3	蚕桑丝绸史话	刘克祥
	4	棉麻纺织史话	刘克祥
	5	火器史话	王育成
	6	造纸史话	张大伟　曹江红
	7	印刷史话	罗仲辉
	8	矿冶史话	唐际根
	9	医学史话	朱建平　黄　健
	10	计量史话	关增建
物化历史系列（28种）	11	长江史话	卫家雄　华林甫
	12	黄河史话	辛德勇
	13	运河史话	付崇兰
	14	长城史话	叶小燕
	15	城市史话	付崇兰
	16	七大古都史话	李遇春　陈良伟
	17	民居建筑史话	白云翔
	18	宫殿建筑史话	杨鸿勋
	19	故宫史话	姜舜源
	20	园林史话	杨鸿勋
	21	圆明园史话	吴伯娅
	22	石窟寺史话	常　青
	23	古塔史话	刘祚臣
	24	寺观史话	陈可畏
	25	陵寝史话	刘庆柱　李毓芳
	26	敦煌史话	杨宝玉
	27	孔庙史话	曲英杰
	28	甲骨文史话	张利军
	29	金文史话	杜　勇　周宝宏

系列名	序号	书 名	作 者	
物化历史系列（28种）	30	石器史话	李宗山	
	31	石刻史话	赵 超	
	32	古玉史话	卢兆荫	
	33	青铜器史话	曹淑芹	殷玮璋
	34	简牍史话	王子今	赵宠亮
	35	陶瓷史话	谢端琚	马文宽
	36	玻璃器史话	安家瑶	
	37	家具史话	李宗山	
	38	文房四宝史话	李雪梅	安久亮
制度、名物与史事沿革系列（20种）	39	中国早期国家史话	王 和	
	40	中华民族史话	陈琳国	陈 群
	41	官制史话	谢保成	
	42	宰相史话	刘晖春	
	43	监察史话	王 正	
	44	科举史话	李尚英	
	45	状元史话	宋元强	
	46	学校史话	樊克政	
	47	书院史话	樊克政	
	48	赋役制度史话	徐东升	
	49	军制史话	刘昭祥	王晓卫
	50	兵器史话	杨 毅	杨 泓
	51	名战史话	黄朴民	
	52	屯田史话	张印栋	
	53	商业史话	吴 慧	
	54	货币史话	刘精诚	李祖德
	55	宫廷政治史话	任士英	
	56	变法史话	王子今	
	57	和亲史话	宋 超	
	58	海疆开发史话	安 京	

系列名	序号	书名	作者
交通与交流系列（13种）	59	丝绸之路史话	孟凡人
	60	海上丝路史话	杜 瑜
	61	漕运史话	江太新　苏金玉
	62	驿道史话	王子今
	63	旅行史话	黄石林
	64	航海史话	王 杰　李宝民　王 莉
	65	交通工具史话	郑若葵
	66	中西交流史话	张国刚
	67	满汉文化交流史话	定宜庄
	68	汉藏文化交流史话	刘 忠
	69	蒙藏文化交流史话	丁守璞　杨恩洪
	70	中日文化交流史话	冯佐哲
	71	中国阿拉伯文化交流史话	宋 岘
思想学术系列（21种）	72	文明起源史话	杜金鹏　焦天龙
	73	汉字史话	郭小武
	74	天文学史话	冯 时
	75	地理学史话	杜 瑜
	76	儒家史话	孙开泰
	77	法家史话	孙开泰
	78	兵家史话	王晓卫
	79	玄学史话	张齐明
	80	道教史话	王 卡
	81	佛教史话	魏道儒
	82	中国基督教史话	王美秀
	83	民间信仰史话	侯 杰
	84	训诂学史话	周信炎
	85	帛书史话	陈松长
	86	四书五经史话	黄鸿春

系列名	序号	书　名	作　者
思想学术系列（21种）	87	史学史话	谢保成
	88	哲学史话	谷　方
	89	方志史话	卫家雄
	90	考古学史话	朱乃诚
	91	物理学史话	王　冰
	92	地图史话	朱玲玲
文学艺术系列（8种）	93	书法史话	朱守道
	94	绘画史话	李福顺
	95	诗歌史话	陶文鹏
	96	散文史话	郑永晓
	97	音韵史话	张惠英
	98	戏曲史话	王卫民
	99	小说史话	周中明　吴家荣
	100	杂技史话	崔乐泉
社会风俗系列（13种）	101	宗族史话	冯尔康　阎爱民
	102	家庭史话	张国刚
	103	婚姻史话	张　涛　项永琴
	104	礼俗史话	王贵民
	105	节俗史话	韩养民　郭兴文
	106	饮食史话	王仁湘
	107	饮茶史话	王仁湘　杨焕新
	108	饮酒史话	袁立泽
	109	服饰史话	赵连赏
	110	体育史话	崔乐泉
	111	养生史话	罗时铭
	112	收藏史话	李雪梅
	113	丧葬史话	张捷夫

系列名	序号	书名	作者	
近代政治史系列（28种）	114	鸦片战争史话	朱谐汉	
	115	太平天国史话	张远鹏	
	116	洋务运动史话	丁贤俊	
	117	甲午战争史话	寇伟	
	118	戊戌维新运动史话	刘悦斌	
	119	义和团史话	卞修跃	
	120	辛亥革命史话	张海鹏	邓红洲
	121	五四运动史话	常丕军	
	122	北洋政府史话	潘荣	魏又行
	123	国民政府史话	郑则民	
	124	十年内战史话	贾维	
	125	中华苏维埃史话	温锐	刘强
	126	西安事变史话	李义彬	
	127	抗日战争史话	荣维木	
	128	陕甘宁边区政府史话	刘东社	刘全娥
	129	解放战争史话	朱宗震	汪朝光
	130	革命根据地史话	马洪武	王明生
	131	中国人民解放军史话	荣维木	
	132	宪政史话	徐辉琪	付建成
	133	工人运动史话	唐玉良	高爱娣
	134	农民运动史话	方之光	龚云
	135	青年运动史话	郭贵儒	
	136	妇女运动史话	刘红	刘光永
	137	土地改革史话	董志凯	陈廷煊
	138	买办史话	潘君祥	顾柏荣
	139	四大家族史话	江绍贞	
	140	汪伪政权史话	闻少华	
	141	伪满洲国史话	齐福霖	

系列名	序号	书名	作者
近代经济生活系列（17种）	142	人口史话	姜涛
	143	禁烟史话	王宏斌
	144	海关史话	陈霞飞 蔡渭洲
	145	铁路史话	龚云
	146	矿业史话	纪辛
	147	航运史话	张后铨
	148	邮政史话	修晓波
	149	金融史话	陈争平
	150	通货膨胀史话	郑起东
	151	外债史话	陈争平
	152	商会史话	虞和平
	153	农业改进史话	章楷
	154	民族工业发展史话	徐建生
	155	灾荒史话	刘仰东 夏明方
	156	流民史话	池子华
	157	秘密社会史话	刘才赋
	158	旗人史话	刘小萌
近代中外关系系列（13种）	159	西洋器物传入中国史话	隋元芬
	160	中外不平等条约史话	李育民
	161	开埠史话	杜语
	162	教案史话	夏春涛
	163	中英关系史话	孙庆
	164	中法关系史话	葛夫平
	165	中德关系史话	杜继东
	166	中日关系史话	王建朗
	167	中美关系史话	陶文钊
	168	中俄关系史话	薛衔天
	169	中苏关系史话	黄纪莲
	170	华侨史话	陈民 任贵祥
	171	华工史话	董丛林

系列名	序号	书名	作者
近代精神文化系列（18种）	172	政治思想史话	朱志敏
	173	伦理道德史话	马 勇
	174	启蒙思潮史话	彭平一
	175	三民主义史话	贺 渊
	176	社会主义思潮史话	张 武 张艳国 喻承久
	177	无政府主义思潮史话	汤庭芬
	178	教育史话	朱从兵
	179	大学史话	金以林
	180	留学史话	刘志强 张学继
	181	法制史话	李 力
	182	报刊史话	李仲明
	183	出版史话	刘俐娜
	184	科学技术史话	姜 超
	185	翻译史话	王晓丹
	186	美术史话	龚产兴
	187	音乐史话	梁茂春
	188	电影史话	孙立峰
	189	话剧史话	梁淑安
近代区域文化系列（一种）	190	北京史话	果鸿孝
	191	上海史话	马学强 宋钻友
	192	天津史话	罗澍伟
	193	广州史话	张 磊 张 苹
	194	武汉史话	皮明庥 郑自来
	195	重庆史话	隗瀛涛 沈松平
	196	新疆史话	王建民
	197	西藏史话	徐志民
	198	香港史话	刘蜀永
	199	澳门史话	邓开颂 陆晓敏 杨仁飞
	200	台湾史话	程朝云

《中国史话》主要编辑
出版发行人

总　策　划	谢寿光	王　正	
执行策划	杨　群	徐思彦	宋月华
	梁艳玲	刘晖春	张国春
统　　筹	黄　丹	宋淑洁	
设计总监	孙元明		
市场推广	蔡继辉	刘德顺	李丽丽
责任印制	岳　阳		